Première de couverture :
Randonneur franchissant la brèche de Roland.

Page de droite :
Lac glacé au pied du mont Perdu.

itinéraires de découvertes

LA TRAVERSÉE DES PYRÉNÉES

DE L'ATLANTIQUE À LA MÉDITERRANÉE

TEXTE
ELISE BLANCHARD

PHOTOGRAPHIES
LOUIS-MARIE ET THOMAS BLANCHARD

Éditions Ouest-France

AVANT-PROPOS

« A une époque où tout est de plus en plus organisé,
de se trouver dans un lieu où l'on ait à découvrir la
On est de plus en plus privé d'avoir à deviner. Le vrai
GASTON REBUFFAT.

Les rivages scintillants du lac de Gaube au mois de décembre.

programmé, présélectionné, il n'est pas désagréable nature du terrain, à deviner un cheminement. luxe bientôt sera de pouvoir se perdre. »

S'IL RESTE en France quelques destinations mythiques et sauvages, à l'écart des villes et des grands axes de communication, les Pyrénées en sont une. Cet ouvrage est une invitation à cheminer d'une mer à l'autre sur les sentiers pyrénéens, tout en se familiarisant avec l'histoire singulière de chaque vallée. Le rythme lent et naturel de la marche permettra de s'immerger dans le paysage, au cours d'une progression jamais monotone : aux collines verdoyantes et humides du Pays basque, entrecoupées de falaises escarpées, succèdent les vallées profondes du Béarn et les étendues préservées du parc national des Pyrénées, puis les sommets, les cirques et les myriades de lacs de Bigorre et de Comminges. Au-delà, les vallées encaissées de l'Ariège, ponctuées de granges à l'architecture préservée, précèdent garrigues, landes et vignobles du Roussillon.

Notre itinéraire empruntera le plus souvent les sentiers du GR 10 et ceux, plus ardus, de la Haute Randonnée Pyrénéenne, qui tous deux parcourent les Pyrénées d'un bout à l'autre, mais à des altitudes différentes. Pour s'orienter et organiser ses étapes, on pourra donc se reporter aux topo-guides édités par la Fédération française de randonnée pédestre.

Il faut compter deux mois pour accomplir la traversée ; toutes les saisons sont belles mais dès le mois de novembre et jusqu'en avril, certains cols et sentiers d'altitude sont inaccessibles ; le début du printemps est souvent très arrosé mais le mois de juin est idéal pour découvrir la flore et la faune ; l'été, les chemins sont plus fréquentés et le mois d'août est celui des orages, parfois très violents ; le début de l'automne est souvent doux et ensoleillé, et offre à la montagne des couleurs flamboyantes. En toute saison, il faut se garder du mauvais temps, brouillard ou orages, et réserver les escapades en haute altitude pour les journées ensoleillées. Même par grand beau, on se munira toujours d'eau, de provisions et de vêtements chauds, d'une carte et d'une boussole, car le temps change vite en montagne, et une belle journée d'été peut se révéler sombre et glaciale en altitude.

De Hendaye à Sainte-Engrâce
le Pays basque

HENDAYE – OLHETTE

C'est par la baie d'**Hendaye,** que ferment les « rochers jumeaux » et le cap du Figuier, que débute la traversée.

Le sort des Pyrénées fut décidé ici, non loin du port, en 1649 : Mazarin et Luis de Haro se rencontrèrent plusieurs fois sur l'île des Faisans, ou « île de la conférence », avant de signer le traité des Pyrénées, qui fixait pour la première fois la frontière entre la France et l'Espagne sur la ligne de partage des eaux. Au regard de sa position symbolique et de son passé diplomatique, l'île devint le plus petit condominium du monde : elle appartient six mois à la France et six mois à l'Espagne.

Hendaye, c'est aussi le pays des corsaires, ces loups de mer qui sillonnaient les océans au service des grandes couronnes européennes. Les ports basques ont de tout temps pratiqué la piraterie ; mais au XVIIe siècle, les ministres de la Marine de Louis XIV offrirent des conditions fort honorables à l'activité des corsaires, qui passa sous l'autorité royale. Les armateurs

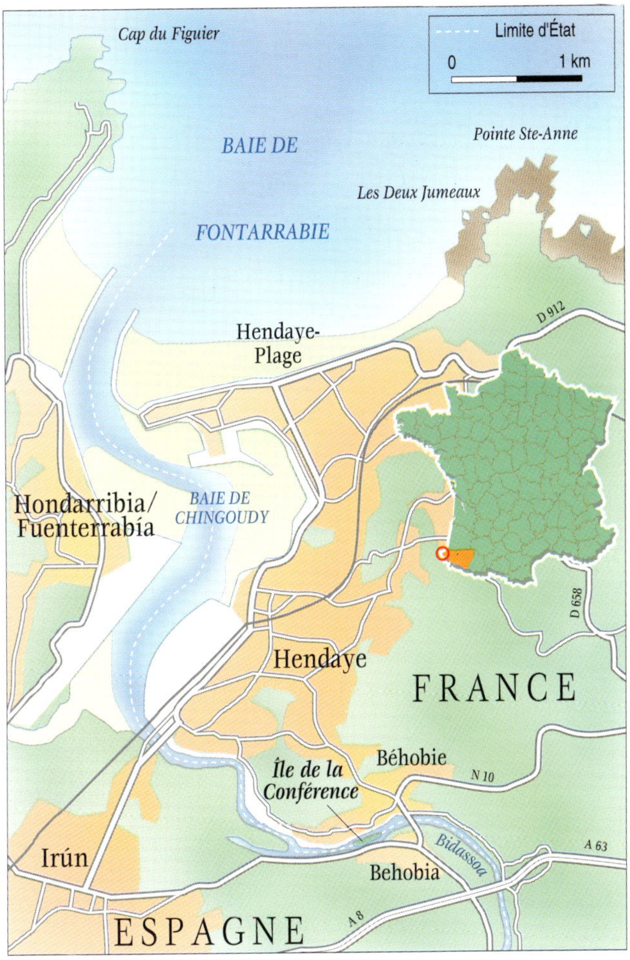

Page de gauche : *La baie d'Hendaye, point de départ des folles courses en mer des corsaires du Labourd.*

À droite :
Sur le sommet de la Rhune, premier sursaut des Pyrénées, les adorateurs du diable se rassemblaient autrefois pour de mystérieuses « Akelarre », ou réunions de sorcières.

locaux n'eurent aucun mal à recruter les équipages, et au milieu du XVIIIe siècle, près de sept mille corsaires d'Hendaye, de Bayonne et de Saint-Jean-de-Luz embarquaient chaque année pour la course, à l'assaut des vaisseaux anglais, espagnols ou hollandais. Leurs hauts faits inspirèrent mille histoires fantastiques : Duconte, de Saint-Jean-de-Luz, se rendit célèbre en prenant onze navires ennemis en une seule sortie ; le corsaire hendayais Pellot, libre penseur et dernière grande figure de la course en mer, entreprit avec succès plusieurs évasions périlleuses. En 1812, sa tête était

Au pied du domaine d'Abbadia, les falaises calcaires de la baie d'Hendaye sont aujourd'hui protégées par le Conservatoire du littoral.

mise à prix à cinq cents guinées, une somme considérable pour l'époque.

Difficile d'imaginer, en observant aujourd'hui le port et ses infrastructures, les aventures de ces loups de mer belliqueux. Le Conservatoire du littoral a toutefois réussi à acquérir, tout près d'Hendaye, une portion de côte qui garde son caractère sauvage malgré les plaies laissées par la Seconde Guerre mondiale ; les falaises escarpées de calcaire gris et rose laissent entrevoir quelques baies désertes où l'imagination peut vagabonder à son aise. Il flotte dans l'air un parfum d'aventures et de contrées lointaines.

Lancé à l'assaut des premières collines, on gagne le village de **Biriatou**, dont les rues escarpées abritent une des dernières cidreries du Pays basque français. En haut de la colline, dominant la Bidassoa qui file vers la mer, la petite place proprette, entourée de l'église et du terrain de pelote repeint de frais, semble couler des jours tranquilles.

Au village d'Ascain, une maison de maître ; longtemps, la contrebande fit la prospérité des villages frontaliers.

OLHETTE – SARE

Affublée au sommet d'une antenne blanc et rouge, parcourue par un train touristique, la Rhune présente au premier abord un aspect quelque peu rébarbatif ; pour profiter de l'excursion, le randonneur devra faire preuve d'abstraction et d'imagination.

Sur la Rhune se tenaient autrefois des sabbats ; les dolmens disséminés sur ses pentes invitèrent sans doute les esprits baroques à organiser des cérémonies nocturnes en ces lieux retirés. Une grande vague de sorcellerie parcourut l'Europe à partir du XVe siècle : en ces temps difficiles, la montagne était le repère préféré des êtres fantastiques.

« Maîtres et maîtresses » régnaient sur ces messes noires, rendant un culte au bouc, symbole du démon, en une parodie des rites chrétiens où l'ordre du monde était inversé. Les sorciers formaient une sorte de secte hiérarchisée, qui cherchait à obtenir des fidèles le reniement de Dieu et l'adoration du diable. Les novices étaient enduits d'onguents

Comment reconnaître un pottöck ?

Ce petit cheval basque, héritier des petits chevaux trapus qu'on voit sur les fresques préhistoriques, vit en semi-liberté dans la montagne. On l'utilisait autrefois pour travailler dans les mines et pour la contrebande, mais faute d'utilité et à la suite de croisements multiples, la race s'étiolait. Le pottöck était menacé de disparition quand un groupe d'éleveurs constitua une association et une réserve pour la sauvegarde de l'espèce. Les pottöcks ont été si abondamment croisés avec d'autres races qu'il est parfois difficile de les identifier. Ils sont caractérisés par leur petite taille, une robe sombre, brune ou noire, des pattes très fines, un gros ventre rond et, détail de coiffure remarquable, une raie sur le côté.

Chevaux du Pays basque, lointains descendants des pottöcks préhistoriques.

Les ventas du col d'Ibardin, héritières des réseaux de contrebande des siècles passés.

magiques et conduits jusqu'au lieu d'initiation. On pratiquait sur la peau, d'un coup d'ongle, la marque du démon, avant d'accomplir les épreuves initiatiques. Sorciers et sorcières faisaient vraisemblablement usage de stupéfiants trouvés dans la montagne : belladone, jusquiame ou encore mandragore, ce qui expliquerait les « visions » de vols de sorcières et de métamorphoses.

Au début du XVIIe siècle, le pays du Labourd demanda à Henri IV la nomination de juges pour la répression de la sorcellerie, devenue à l'en croire une véritable plaie pour la région : on imputait aux sorcières tous les maux qui accablaient le pays, tempêtes, mauvaises récoltes, maladies et catastrophes naturelles.

On envoya pour enquêter Pierre de Lancre, un homme qui ne s'embarrassait pas de sens critique ; il rapporta dans son rapport que des voyageurs avaient observé des cohortes des armées du diable se dirigeant vers la France ; il enregistra des milliers de témoignages, mais utilisa des dépositions de personnes soumises à la torture ; la plupart des accusés durent évidemment leur malheur aux jalousies familiales, haines villageoises et peur de la répression ; celle-ci fut sans pitié et condamna plusieurs centaines de victimes ; sur le versant espagnol, la situation était identique ; **Zugarramurdi**, village très lié avec Sare et situé juste de l'autre côté de la frontière, à quelques heures de marche, était un haut lieu de la sorcellerie où l'inquisition sévît sauvagement, peut-être plus équitablement toutefois qu'en France. A l'entrée de la « grotte aux sorcières » de Zugarramurdi, surplombée d'une corniche où siégeait le représentant du diable et traversée par le « ruisseau d'enfer », on peut voir aujourd'hui la liste des hommes et femmes, parfois même des enfants, condamnés pour sorcellerie, leur âge, leur condition et les peines qu'elles purgèrent. Chaque année, la fête des sorcières de Zugarramurdi commémore l'événement.

SARE – AINHOA

Fenêtre d'une maison de Sare.

Cachés au creux des vallées, les villages du Labourd ont gardé une forte identité basque ; ici, la montagne n'est encore que collines, le climat est doux et les villages sont répartis en quartiers aérés, parfois éloignés les uns des autres, aux vastes maisons ouvertes de larges fenêtres. Le rez-de-chaussée de pierre soutient les murs en torchis garnis de colombages. Au centre de la maison se trouvait autrefois la remise, munie d'un large portail qui permettait de monter le foin au grenier ; à côté se tenait la cuisine, seule pièce chauffée l'hiver, et les chambres placées au sud, parfois à l'étage dans les grandes maisons. La partie nord était réservée au bétail.

Dans chaque village, le fronton de pelote affirme l'identité régionale. A **Sare**, l'église, blanche et large, domine le village, parée à l'intérieur d'une galerie de bois où s'alignaient autrefois les hommes, la nef étant réservée aux femmes. L'Ospitale Zahara, qui jouxte l'église, accueillait autrefois les pèlerins en route vers Saint-Jacques.

Avant la Révolution, le village se trouvait au cœur d'une zone franche et entretenait un commerce florissant avec l'Espagne. Sous l'Empire, la contrebande devint une source de revenus irremplaçable pour bon nombre de villages frontaliers. Alcools et vins fins, cigarettes, parfums, or et devises passaient la frontière à dos d'hommes ou de chevaux ; la complicité de la population rendait difficiles les contrôles de la maréchaussée, souvent contrainte de fermer les yeux. Le contrebandier était autrefois un personnage

Un des nombreux hameaux du village de Sare.

fort respectable dans les Pyrénées ; il y avait des trafiquants amateurs et occasionnels, et des professionnels organisés en réseaux. Les **grottes de Sare** étaient connues pour abriter leurs trésors ; on raconte qu'un souterrain les relie à l'Espagne.

Les larges maisons basques du village d'**Ainhoa** ont conservé dans leurs murs les histoires du passé, et à observer ces vieilles façades serrées les unes aux autres, on est transporté sans peine vers des temps plus anciens, où les difficultés de l'âpre vie montagnarde réservaient à certains des destinées hors du commun.

Les armateurs de Saint-Jean-de-Luz recrutaient des marins jusqu'à Ascain, Sare et Ainhoa pour la pêche à la baleine, et les Pyrénéens furent longtemps considérés comme des maîtres en la matière. On pourchassa tout d'abord le cétacé non loin des ports, mais au XVIIe siècle, il disparut de la côte Atlantique. On le chercha alors sur des mers plus lointaines, et au XVIIIe siècle, Saint-Jean-de-Luz armait chaque année une quarantaine de baleiniers pour Terre-Neuve. Les baleiniers

Jusqu'au siècle dernier, ânes et mulets constituaient le moyen de transport essentiel des marchandises sur les étroits sentiers montagnards.
Coll. Christian Le Corre.

Maison basque d'un hameau de Sare, entourée des larges dalles de granit typiques de la province du Labourd.

Montagnards en « costumes de contrebandiers ». Coll. Christian Le Corre.

quittaient la côte au printemps, et restaient un ou deux mois sur la banquise. Quand la baleine se fit rare, on pourchassa la morue, puis, la pêche lointaine étant tombée en désuétude depuis que les pirates de tous bords écumaient les océans, on se rabattit sur la sardine près des côtes d'Aquitaine.

Sur le linteau d'une vieille bâtisse de la rue principale d'Ainhoa, on peut lire cette inscription : « Cette maison appelée Gorritia a été rachetée par Marie de Gorriti, mère

Au large des lointains bancs de Terre-Neuve, la chasse à la baleine.
Gravure « The Natural History of the Whale », Edimbourg, 1837.

La pelote

La pelote est une variante du jeu de paume ; pratiqué dans toute la France depuis le XVe siècle, il a reflué dans le Sud-Ouest au XIXe siècle pour devenir un pilier de l'identité basque, avec son personnage mythique : Chiquito, de Cambo-les-Bains. Il mena une vie aventureuse, fréquenta les cours royales et la bonne société européenne ; on racontait qu'à Verdun, il utilisait sa chistera pour lancer des grenades sur l'ennemi. Les émigrants basques ont exporté ce sport outre-Atlantique, et la pelote est aujourd'hui pratiquée assidûment dans plusieurs pays d'Amérique du Sud. La pelote compte une vingtaine de styles différents selon les accessoires utilisés, comme le « rebot » pour le jeu à mains nues ou la « chistera », gant d'osier qui sert à lancer la balle. L'été, la plupart des villages organisent des tournois plusieurs fois par semaine.

Les larges croupes herbeuses du col de Méhatché, entre Ainhoa et Bidarray ; au fond, le sommet de l'Artzamendi.

de feu Jean Dolhagaray, des sommes par luy envoyées des Indes. Fait en l'an 1662. » Dernier témoin des destinées peu communes de quelques aventuriers basques, mais aussi béarnais et commingeois, qui partaient jusqu'aux Indes et en Amérique chercher fortune. Pierre Loustaunau, un chevrier d'Aydius en vallée d'Aspe, devint général en chef auprès du maharaja Marathe, au sud de l'Inde. Pierre de Laclède fonda Saint Louis sur le Mississippi ; Daniel de Subercaze, d'Orthez, devient gouverneur de Terre-Neuve. Aujourd'hui, on compte plus de Basques en Amérique qu'au pays.

AINHOA – BIDARRAY

Aux abords de l'Artzamendi et du col de Méhatché, les courbes se font plus généreuses, recouvertes en altitude d'une pelouse rase et bien

La borne frontière 83, près du col de Méhatché.

verte, où les arbres se font rares. Les formes amples des collines cachent des sentiers abrupts le long des corniches, et des falaises vertigineuses où s'abritent les vautours.

Remontant en soufflant le sentier escarpé qui mène à Bidarray, un homme apparaît, portant dans ses bras un petit enfant ; sa femme, chargée d'un panier à provision, le suit difficilement ; mal chaussés pour la marche et visiblement peu versés dans cet exercice, ils ne sont pas là pour la balade mais cherchent une grotte discrète, qui cache un lieu vénéré de temps immémoriaux : **la grotte du « saint qui sue »**. Dans ce sanctuaire païen christianisé, une stalactite évoquant une effigie humaine suinte une eau réputée pour soigner les maladies de peau. Sur les conseils d'une voisine, ils sont venus éprouver les vertus du « saint » sur leur petit garçon qui souffre d'eczéma du nourrisson ; ici, chacun sait que l'eau de la grotte est

En descendant vers Bidarray, non loin de la « grotte du saint qui sue ».

Les crêtes de Buztanzelhay au-dessus du col d'Harrietta.

aussi efficace et plus douce que le traitement du médecin. Doucement, l'homme prélève un peu d'eau sur la pierre et l'applique sur la peau de l'enfant ; il faudra renouveler le traitement plusieurs semaines de suite pour qu'il agisse.

Près du village de **Bidarray**, on entre en basse Navarre, et les maisons, déjà, sont différentes, toujours blanches et peintes de frais, mais précédées d'un large porche.

On dit que les trois arches du pont Noblia, à la sortie du village, ont été

L'ail des ours

Ses larges feuilles d'un vert vif, assez semblables à celles du muguet, tapissent les sous-bois ombragés au printemps. On les reconnaît facilement grâce à la forte odeur d'ail qu'elles dégagent lorsqu'on les manipule ; les feuilles et les bulbes, crus ou cuits, peuvent faire office d'ail dans tous les plats.

construites par les laminaks, de petits êtres velus qui sortent la nuit de leurs cachettes, grottes ou ruines abandonnées. Tous répondent au nom de « Guillen ». Bienveillants, ils sont capables en une nuit d'édifier un château ou de construire un pont, en échange d'un peu de nourriture. Taquins, ils entrent parfois dans les maisons pour y faire quelques farces ; ils cachent de menus objets ou déplacent les ustensiles de cuisine.

BIDARRAY SAINT-ETIENNE-DE-BAÏGORRY

Entre Bidarray et Saint-Etienne-de-Baïgorry, tout près du col d'Harrietta, les roches grises des crêtes d'Iparla hérissées de buissons de myrtilles bordent les pelouses arasées par le vent. Paysage de haute montagne et pourtant, sous nos pieds, les collines verdoyantes parsemées de granges aux toits de tuile sont toujours là.

A **Saint-Etienne-de-Baïgorry**, aux portes de la vallée des Aldudes, le 14 Juillet bat son plein. Dans les rues, les villageois ont organisé une noce basque à l'ancienne. Autrefois, les invités chargés de présents et de victuailles se rendaient jusqu'à la demeure des futurs mariés ; au Pays basque, c'est la maison qui donnait le nom à la famille, et non l'inverse ; la plupart des maisons portent ce nom inscrit sur leur linteau. Conçues pour défier le temps, elles symbolisaient la pérennité du patrimoine

Sur les hauteurs de Bidarray, aux portes de la Basse-Navarre, le relief commence tout juste à prendre de l'ampleur.

Montée au col d'Harrietta parmi les sombres dédales de la hêtraie au sol jonché de feuilles rousses.

familial transmis au fil des générations : un chemin menait directement de la maison à l'église et au cimetière. La maison revenait à l'aîné, garçon ou fille ; elle abritait son conjoint et les enfants, les anciens et les frères et sœurs célibataires. Seuls les chefs de famille, propriétaires d'une maison, pouvaient participer aux assemblées vil-

Noyé dans la brume, le relief tourmenté des crêtes d'Iparla vient contredire l'image d'Epinal d'un Pays basque paisible et verdoyant.

lageoises. Plusieurs solutions s'offraient aux cadets privés d'héritage : ils pouvaient demeurer dans la maison familiale au service de leurs aînés, obtenir un mariage avec un héritier, ou encore partir à l'aventure ; certains cadets réussissaient à obtenir un lopin à l'écart du village, et donnaient naissance à de nouveaux quartiers. Le village des **Aldudes**, au fond de la vallée, fut ainsi fondé au XVIIe siècle par des cadets de Baïgorry.

L'antique pont de pierre de Saint-Etienne-de-Baïgorry.

À gauche :
Noce basque à Saint-Etienne-de-Baïgorry.

Bœufs d'attelage parés de linge basque pour le défilé de noces.

Au bord de la nive des Aldudes, le village de Saint-Etienne-de-Baïgorry.

Saint-Jean-Pied-de-Port, étape obligée de l'antique voie transpyrénéenne.

SAINT-ETIENNE-DE-BAÏGORRY SAINT-JEAN-PIED-DE-PORT

Les rues étroites et animées de Saint-Jean-Pied-de-Port, qui courent de part et d'autre de la Nive, raviront les amateurs de bonne chaire, qui pourront s'approvisionner généreusement en pâtés et boudins basques, chorizos, jambons de Bayonne et sauce au piment d'Espelette.

Sur l'éperon rocheux qui domine la confluence du Lhauribar et des deux Nives, s'élève depuis le XIIe siècle le château du roi de Navarre, qui verrouillait l'accès stratégique au port de Roncevaux. La ville a toujours su faire face aux envahisseurs, qu'ils soient francs, maures ou wisigoths, et les pèlerins étaient nombreux à faire halte dans la ville, qui devint une étape obligée aux commerces et hôtels florissants. Dans la rue de la Citadelle, la « maison des évêques » abrita le diocèse pendant le grand schisme d'Occident, à la fin du XIVe siècle : deux évêques se répartissaient alors la province, l'un à Bayonne sous l'obédience du pape de Rome, l'autre à Saint-Jean-Pied-de-Port se réclamant du pape d'Avignon Clément VII.

À droite : *Le large éventail des charcuteries basques.*

Au bord de la Nive, les vieilles maisons à balcons de bois de Saint-Jean-Pied-de-Port.

Histoire des Pyrénées occidentales : l'esprit d'indépendance

Les Pyrénées furent fréquentées dès l'aube de l'humanité, comme l'attestent les nombreuses découvertes préhistoriques faites en Pays basque et en Ariège.
Ce sont les Romains qui, les premiers, entrent en contact avec les peuples des Pyrénées occidentales, au Ier siècle de notre ère. Pendant trois siècles, les Basques ne vont cesser de s'opposer à la colonisation romaine.
Au IVe siècle, les invasions qui se succèdent en Europe sous la poussée des Huns modifient la donne. Les Wisigoths ont pillé Rome en 410 et dicté leur volonté à l'empereur ; en 418, un traité leur accorde l'Aquitaine ; ils fondent le royaume de Toulouse et étendent leur domination jusqu'en Espagne. En 507, après la victoire de Vouillé, les Francs obtiennent l'Aquitaine des Wisigoths ; durant tout le haut Moyen Age, les « Vascons » continuent de lutter contre les envahisseurs, pris en tenaille entre les Wisigoths au sud et les Francs au nord ; en août 778, ils infligent une sévère défaite à Charlemagne, lors de la célèbre bataille de Roncevaux.
A la fin du règne de Charlemagne, les invasions reprennent ; les Vikings viennent s'attaquer aux contreforts des Pyrénées, et les populations menacées quittent en masse le piémont pour se réfugier sur les hauteurs. Les franges des Pyrénées deviennent une sorte de no man's land, autour de montagnes surpeuplées par rapport à ce qu'elles ont à offrir.
Au Xe siècle, le duché de Gascogne, au nord, et le royaume de Navarre au sud se partagent le Pays basque, mais n'exercent aucune autorité sur les populations montagnardes, réparties en clans sous l'égide de chefs locaux. Le Béarn, inclus d'abord dans le duché de Gascogne, passe de main en main durant plusieurs siècles, affermissant chaque fois au passage son autonomie. Avec Gaston Fébus, l'autonomie se mue en indépendance : en 1347, il proclame ne reconnaître sur le Béarn aucune autorité supérieure à la sienne ; le jeu des successions lui permet de réunir les comtés de Foix, de Béarn et de Navarre.
En 1512, le royaume de Navarre est diminué au profit de la Castille de Ferdinand le Catholique ; en 1560, il devient, avec Jeanne d'Albret, un fief du protestantisme. Son fils Henri III, comte de Foix et roi de Navarre, devient roi de France sous le nom d'Henri IV. En 1620, Louis XIII rattache officiellement le Béarn et la Navarre à la France.
Les comtes locaux qui règnent sur les vallées bénéficient d'un pouvoir quasi total même lorsqu'ils sont intégrés aux grands royaumes. L'isolement et le cloisonnement des vallées sont propices à la création de communautés indépendantes ; les comtes préfèrent laisser aux vallées un minimum d'autonomie pour s'assurer leur fidélité, et les paysans sont moins accablés d'impôts et de redevances que les hommes de la plaine ; ils conservent le privilège de porter les armes.
La plupart des vallées mènent ainsi une véritable vie diplomatique et concluent entre elles des traités indépendants : ce sont les accords de « lies et passeries », qui facilitent les transhumances et les échanges commerciaux, et garantissent la pérennité des échanges en cas de conflit entre les deux royaumes. Les provinces de Béarn et de Navarre maintiendront jusqu'à la Révolution leur statut d'Etats indépendants, avec leurs lois et leurs langues.

Paysan basque de Saint-Etienne-de-Baïgorry en costume campagnard.

Béret, foulard et capulet : trois ingrédients indispensables du costume basque traditionnel.
Coll. Monique Sclaresky.

Saint-Jean-Pied-de-Port est la clé d'une des plus vieilles routes d'Europe : celle du commerce préhistorique, puis la voie romaine qui mène de Tarbes à Pampelune et la « route Napoléon ». Elle porte encore aujourd'hui les pèlerins en marche vers Compostelle.

De Saint-Jean-Pied-de-Port, les « Jacquets » gagnent le col de **Roncevaux**, pratiqué de temps immémoriaux, qui abrite un ancien hôpital des pèlerins et une auberge. Sur le roc qu'aurait ouvert Roland avec son épée Durandal fut bâtie au XIIe siècle la chapelle Sancti Spiritus, en souvenir de la sévère défaite infligée par les « Vascons » à Charlemagne. De cette bataille, on ne connaît finalement pas grand-chose si ce n'est la légende. A la tête d'une des plus puissantes armées de l'époque, Charlemagne rentrait de l'expédition d'Espagne ; l'affaire, qui visait à faire plier le royaume islamique, fut un cuisant échec. Pire : au retour, ses meilleurs lieutenants, restés à l'arrière garde, se firent massacrer jusqu'au dernier par les montagnards basques. Parmi eux se tenait le célèbre Roland. Les historiens francs de l'époque firent tout leur possible pou étouffer l'affaire, et l'on hésite encore aujourd'hui sur le lieu véritable de la bataille. Car ce n'est que trois siècles plus tard que la « Chanson de Roland » a fixé cet épisode au port de Roncevaux.

SAINT-JEAN-PIED-DE-PORT ESTERENÇUBY

Pour profiter au mieux du soleil, les vignes d'**Irouléguy** se sont hissées en haut des versants les mieux exposés, laissant l'ombrée et les bas de pentes aux prairies bordées de châtaigniers.

Le vignoble, qui représente la plus petite AOC de France, est le seul du Pays basque français. A la cave, on pourra déguster des rouges et des rosés, aux arômes de framboise et de violette, et des blancs aux effluves de fleurs et de fruits exotiques.

Dans le cimetière d'Irouléguy, quelques stèles discoïdales très anciennes sont ornées de symboles solaires à l'image du dieu adoré par les Basques avant l'arrivée du christianisme.

Au-dessus des champs bordés de châtaigniers, les pentes douces du vignoble d'Irouléguy.

ESTERENÇUBY COL BAGARGIAK

A partir d'**Esterencuby**, on pénètre en haute Soule. Au-dessous des crêtes effilées, le brouillard donne aux parois rocheuses des formes fantasmagoriques, laissant parfois furtivement apparaître une prairie pentue où s'accrochent les moutons.

Sur les larges croupes herbeuses jaunies par le soleil et le vent des **crêtes d'Occhabé**, une dizaine de cercles de pierre au dessin précis gardent le souvenir énigmatique des premiers pyrénéens. Ces cromlechs étaient vraisemblablement des nécropoles préhistoriques, bûchers pour l'incinération des morts ou dépôt pour leur décomposition ; l'endroit, élevé et solitaire, était propice aux rassemblements d'ordre sacré. Le cercle où venait s'achever l'existence peut être interprété comme une représentation du

Du col d'Irrau, les croupes opulentes hérissées de barres rocheuses vertigineuses semblent s'étendre à l'infini.

En contrebas du pic d'Orhy, moutons à l'estive encerclés par la brume.

Tombes discoïdales du cimetière de Sainte-Engrâce, vestiges de l'ancien culte solaire du Pays basque.

Des dieux dans les entrailles de la terre

Dans l'ancienne mythologie basque, les astres habitaient le centre de la terre, où ils se retiraient après être passés dans le ciel. On disait qu'au coucher du soleil, la grand-mère soleil rejoignait sa mère, la terre. Au Pays basque mais aussi dans certaines vallées de l'Ariège, au matin du solstice d'hiver, les bergers perchés sur les estives frappaient le sol de leurs bâtons pour que le soleil se réveille et sorte.

La déesse Mari, qui personnifiait les forces de la nature, habitait également les entrailles de la terre, où elle prenait la forme d'un serpent ou d'un dragon. De sa caverne, elle fabriquait les tempêtes et les orages, qu'elle lançait par les gouffres et les failles creusées dans la montagne. Pour s'en prémunir, et éviter que le mauvais temps ne s'échappe, on bouchait autrefois l'entrée des gouffres avec des pierres et des branches.

Cette conception du monde, qui situe les forces de la nature à l'intérieur de la terre, diffère de celle de la plupart des civilisations européennes et orientales, qui placent au ciel les puissances divines. Ces anciennes croyances perdurèrent dans les coutumes bien après l'avènement du christianisme. Celui-ci les absorba comme il put, en assimilant, par exemple, la déesse Mari à la Vierge.

Dans la fraîcheur intime d'une forêt au petit matin, instant fugitif et insaisissable cher au marcheur solitaire.

soleil, divinité suprême des Basques aux temps les plus anciens. Pour les bergers du Pays basque, les dolmens étaient l'œuvre de géants à la puissance surhumaine, les Meiriaks.

COL BAGARGIAK REFUGE D'ARDANNE

Pour les oiseaux migrateurs qui fuient le froid hivernal de l'Europe du Nord vers l'Espagne ou l'Afrique, les Pyrénées forment une barrière quasi infranchissable, qui doit être contournée par l'une ou l'autre extrémité. Au-dessus du **col d'Orgambidesca**, on peut ainsi observer chaque automne les vols migratoires de plusieurs centaines d'espèces d'oiseaux.

Les migrations commencent timidement à la mi-juillet, avec le passage de quelques rapaces adultes et des martinets. En août ont lieu les vols nocturnes des premiers passereaux ; la plupart des rapaces migrateurs passent également à la fin de l'été : busards, milans royaux, aigles bottés, circaètes jean-le-blanc et bondrées apivores. Septembre, c'est aussi le mois des cigognes venues d'Europe centrale et des premières palombes, ou pigeons ramiers. En octobre passent les chouettes, les merles et les grives ; novembre voit les grues et les derniers passereaux. Certains accomplissent sans escales leur parcours de plusieurs milliers de kilomètres ; d'autres prévoient

Hêtre à tête de sanglier.

Les hêtres centenaires, aux troncs recouverts de mousses et de lichens affleurant entre les rochers, font toute l'âme de la forêt d'Iraty.

Jean de l'Ours

Un matin, allant quérir du bois dans la forêt d'Iraty, une femme du village de Mendive rencontra l'ours dans la forêt ; avant qu'elle pût réagir, il la chargea sur son dos et l'emporta dans sa caverne. Quelque temps plus tard, un enfant naquit de leur union ; chaque matin en sortant, l'ours fermait l'entrée de la caverne avec un gros rocher. La femme resta ainsi prisonnière six années durant, mais lorsque l'enfant, nommé Jean de l'Ours, fut assez costaud pour renverser le rocher, il s'échappa avec sa mère. Un berger les recueillit et offrit du lait à l'enfant, mais celui-ci téta au pis d'une vache et l'épuisa d'un coup ; les mois passèrent, et l'enfant devenait si fort qu'il effrayait les voisins. Toute sa vie, il fut l'auteur de nombreux exploits, que chacun racontait à sa manière, les soirs d'hiver.
La ressemblance troublante de l'ours et de l'être humain, la terreur qu'il inspirait ont sans doute suffit à former ces légendes ; mais des faits véridiques, survenus dans des temps très anciens, ont aussi pu les alimenter : jusqu'au XVIIIe siècle, on signala régulièrement l'existence d'enfants loups et d'enfants ours dans les forêts d'Europe.

des étapes qui d'une année sur l'autre sont toujours les mêmes.

Mais à partir du mois d'octobre, à l'affût dans les palombières, les chasseurs abattent chaque année le tiers des 4,5 millions de palombes qui traversent la chaîne ; sans parler des espèces rares et protégées qui tombent sous les balles de chasseurs ignorants ou peu scrupuleux.

Longtemps, le col d'Orgambidesca fut un sujet de discorde entre chasseurs et ornithologues, et vit même quelques batailles rangées : c'est qu'en haute Soule, la chasse à la palombe est une véritable institution. Mais, depuis 1979, le col est interdit à la chasse, et les ornithologues s'y rassemblent à l'automne pour faire des observations et effectuer des comptages. Avec le détroit de Gibraltar et le Bosphore, le col d'Orgambidesca est aujourd'hui un des meilleurs sites européens d'étude de la migration.

Alors qu'on commence tout juste à rêver d'une montagne un peu plus abrupte après cette mise en jambes, on atteint les flancs du **pic d'Orhy**, le premier « vrai » som-

Au creux des vieux arbres, se cachent les nids et les réserves des petits mammifères.

met depuis la côte Atlantique, à 2 000 mètres d'altitude. C'est d'ici que l'on aura la meilleure vue d'ensemble sur la forêt d'Iraty ; au-delà, on aperçoit la côte dominée par le sommet de la Rhune ; au nord, les Arbailles et le pic des Escaliers ; à l'est, le pic d'Anie, la Table des Trois Rois, les Aiguilles d'Ansabère et le Balaïtous…

REFUGE D'ARDANNE LARRAU

On dit que Basajaun, le géant du pic d'Anie, séjournait parfois sur les versants escarpés de l'Orhy ; friand de chaire humaine, il descendait dans la **forêt d'Iraty** à la recherche de proies isolées. Les sombres dédales de la hêtraie-sapinière, peuplés d'arbres centenaires aux branches chevelues, aux troncs moussus bordés d'arbustes à baies et de plantes luxuriantes, à l'image de la forêt primordiale des temps anciens, restèrent par endroits inviolés jusqu'au percement d'une voie carrossable en 1964. Depuis, la construction de nombreuses routes et l'aménagement touristique lui ont enlevé une partie de son mystère.

Hêtre et sapin : deux arbres très différents mais complémentaires, tous deux avides d'ombres et d'humidité mais craignant le froid, bien adaptés à l'étage montagnard, qui accroche les nuages et capture le brouillard. C'est à l'automne que le jeu des couleurs est le plus flamboyant : au vert immuable des sapins, les bouquets de hêtres opposent les nuances changeantes d'un feuillage rouge et or. Tilleuls, chênes et érables y poussent en moins grand nombre.

Les faines du hêtre, à la saveur de noisette, sont comestibles et délicieuses crues ou grillées au feu de bois ; au début de l'automne, elles font le régal de bon nombre d'animaux.

Partout, au creux des sombres futaies, dans les broussailles et sur les plus hautes branches, se cache une vie luxuriante et secrète, qui ne se laisse pas facilement surprendre mais laisse partout des traces de son passage : le renard a déposé ses excréments sur une pierre pour marquer son territoire ; on entend les bruissements d'ailes et les chants discrets des passereaux dissimulés parmi les feuillages : bouvreuil, pinson des arbres, grimpereau, et chardonneret, pipit et accenteur mouchet. Dans la fraîcheur et l'ombre du sentier flotte une odeur de champignon et d'humus ; les sangliers sont passés par là pour chercher des racines. Ils ont laissé derrière eux un chaos de mottes de terre arrachées et retournées. Au bas des pentes, les éboulis de terre marquent le passage du cerf ou du chevreuil, et sous les grands arbres, le dédale de troncs abattus recouverts de mousse semble sans fin.

La hêtraie sapinière, accrochant les brumes des versants humides et frais de l'étage montagnard, repart aujourd'hui à la conquête des pâturages abandonnés.

Le gypaète barbu

Surnommé le « briseur d'os », le gypaète barbu se distingue par ses ailes longues et étroites, son corps clair et son poitrail orangé. Il peut atteindre près de trois mètres d'envergure. Il est le dernier à se servir parmi les charognards, se contentant des ossements laissés par les vautours et les autres rapaces. Lorsque les os sont trop gros pour qu'il s'y attaque directement, il lui arrive de les emporter en altitude et de les laisser tomber sur les rochers où ils se fracassent en morceaux plus commodes à déguster. Il consomme également des cadavres de petits animaux et des petites proies. Le gypaète n'est pas un migrateur, mais il aime l'exploration et il peut être observé très loin de son territoire habituel. Il niche en général à la limite supérieure de la forêt. Grâce à sa puissance de vol et ses dons de planeur, il peut occuper un vaste territoire, ce qui explique pour une part sa faible densité : on estime qu'il y a environ soixante-dix couples dans les Pyrénées, dont moins de quinze sur le versant nord. Les gypaètes ne se reproduisent pas avant l'âge de dix ans, et un seul petit survit chaque année ; décimés par la chasse et les empoisonnements, il sont aujourd'hui menacés, comme la plupart des rapaces, par le manque de nourriture occasionné par les nouvelles normes d'hygiène, qui obligent l'équarrisseur à faire disparaître les cadavres de brebis et de vaches. Depuis quelques années, on a cependant installé des aires de nourrissage qui permettront, on l'espère, aux populations de se reconstituer.

Ph. Christophe Coton, LPO.

LARRAU
PLATEAU D'ARDAKHOTCHIA

La haute Soule semble hésiter entre Pays basque et Béarn ; à **Larrau**, les maisons rustiques et sobres ont déjà un air montagnard. Les sommets verdoyants, en pente douce, surmontent des falaises calcaires entaillées de profonds canyons. On suit en surplomb à travers la lande les **gorges d'Holzarté**, dont les parois humides et froides ne rencontrent que rarement le soleil. Un large pont suspendu domine la gorge, ouvrage de haute voltige construit par les forestiers.

A l'automne, le vert sombre des conifères fait exploser les couleurs chatoyantes des feuillus.

Suspendue au-dessus du vide, la passerelle vertigineuse des gorges d'Holzarté.

La grande cascade des gorges de Kakouetta, bordée de fougères et de mousses luxuriantes.

A l'extrémité du pont, la forêt reprend ses droits et l'on s'enfonce dans ses sombres dédales pour rejoindre les gorges de Kakouetta.

Ces falaises escarpées et inaccessibles forment un habitat de prédilection pour les rapaces ; avec un peu de chance on pourra observer le vautour, le gypaète ou un milan royal disparaissant derrière les crêtes avant de réapparaître au-dessus d'une prairie.

PLATEAU D'ARDAKHOTCHIA SAINTE-ENGRÂCE

Roches moussues, cascades fraîches, parois couvertes de fougères ruisselantes : au creux des falaises d'exposition nord, humides et escarpées des **gorges de Kakouetta**, s'épanouit une flore particulière et remarquable pour l'amateur de botanique, surtout des lichens et des fougères appartenant d'ordinaire à des zones tropicales. Dans sa partie inférieure, le canyon a été aménagé et draine un flot de badauds impressionnant ; mais le promeneur quelque peu intrépide, resté sur sa faim en parcourant le sentier balisé, pourra, en restant attentif aux dalles glissantes sur lesquelles il ne manquera pas de trébucher, fausser compagnie à la foule pour s'aventurer un peu plus

loin dans la gorge, attiré par le bruit de fond continu du torrent.

L'église romane fortifiée de **Sainte-Engrâce**, isolée au creux de la vallée du même nom, était autrefois une étape de Compostelle, que l'on rejoignait en redoutant les pillards et les bandits de grand chemin ; le « Guide du pèlerin » du XIIe siècle ne manque pas de rappeler que « c'est sur cette montagne, avant que le christianisme ne fût répandu largement en Espagne, que les Navarrais impies et les Basques avaient coutume de dévaliser les pèlerins de Saint-Jacques ».

L'église doit son nom à une jeune Portugaise qui, en l'an 303, s'apprêtant à franchir les Pyrénées pour rejoindre son fiancé, trouva le martyre dans la cité de Saragosse alors occupée par les « infidèles ». Le corps de la jeune femme fut transporté dans la cathédrale de la ville, où le bras de la belle, orné de pierres et de bijoux précieux, attira la convoitise d'un voleur qui s'en empara, traversa les Pyrénées et le cacha au pied d'un chêne, à proximité du village. Quelque temps après, des bergers remarquèrent un bœuf qui avait coutume de s'agenouiller sous l'arbre, et dont les cornes s'illuminaient. Les bergers découvrirent la relique sous le chêne et le village édifia l'église en son honneur, qui acquit par la suite une relative prospérité, but de nombreux pèlerinages. Après une sombre et longue période de guerres et de destructions, la relique fut dérobée ; quelques siècles plus tard et après moult péripéties, la paroisse parvint enfin à récupérer un doigt de la sainte.

Isolée au creux de la vallée, l'église romane fortifiée de Sainte-Engrâce.

En haut à gauche : *Digitale pourpre ; ses feuilles, très toxiques, sont utilisées en pharmacopée comme cardiotonique.*

Fougères opulentes tapies dans l'ombre fraîche des gorges de Kakouetta.

De Sainte-Engrâce à Arrens-Marsous

le Béarn

SAINTE-ENGRÂCE
LA PIERRE-SAINT-MARTIN

Par la vallée du Barétous, on pénètre en Béarn ; la forêt se mue en prairies où affleurent des blocs de pierre grise de plus en plus nombreux ; à l'approche du col de la Pierre-Saint-Martin, on s'enfonce dans le lapiaz, paysage lunaire, chaotique et irréel de roches karstiques qui semble s'étendre à l'infini. Par mauvais temps, le lapiaz se mue en labyrinthe inextricable ; des langues de brume viennent accrocher les roches arides, cachant des failles étroites et profondes. Il devient vite impossible de se repérer parmi les roches grises perdues dans le brouillard, dont les failles exigent de multiples détours.

Chaque interstice dans la roche abrite, ici un pin au tronc vrillé, là une troupe d'ancolies, de renoncules ou de gentianes ; la moindre particule de terre est prise d'assaut par des fleurs aux couleurs écla-

Page de gauche :
Vers le sommet des Aiguilles d'Ansabère.
À droite :
Sculpté par le ruissellement des eaux sur le calcaire, le lapiaz torturé, entaillé de failles et de gouffres, de la Pierre-Saint-Martin.

Les silhouettes fantomatiques des pins à crochets rendent plus austère encore le relief désolé du lapiaz.

tantes. Callunes, myrtilles et raisins d'ours s'abritent au creux des rochers ; c'est le domaine du grand tétras, ou coq de bruyère.

La station de ski de la **Pierre-Saint-Martin**, aux bâtisses laides et froides, semble sur le point d'être engloutie par les affleurements qui cernent les immeubles ; paysage énigmatique où se cache la plus grande salle souterraine d'Europe. Découvert en 1950, le gouffre de la pierre Saint-Martin a creusé son réseau dans la partie calcaire du massif avant d'atteindre des schistes imperméables et d'y former des rivières ; il étend ses 50 kilomètres de galerie à 1 358 mètres sous terre. Trois millions d'années de ruissellement d'eau de pluie et de fonte des neiges ont créé ce paysage souterrain.

Troupeau à l'estive sous le pic d'Anie dévoré par les brumes.

LA PIERRE-SAINT-MARTIN LESCUN

A travers ce « pays des démons », on pourra rejoindre en quelques heures le **pic d'Anie**, qui passe le cap des 2 500 mètres. Du sommet, le panorama s'étend de la Rhune au massif de Néouvielle, mais par

Comme un défi au paysage tourmenté du « pays des démons », de délicates ancolies émergent du chaos.

Le génépi

Les propriétés du génépi sont depuis toujours connues des montagnards : tonique et stimulant, il est utilisé en infusion ; on en fait aussi un alcool réputé, mais sa cueillette excessive la menace sur les sentiers les plus accessibles.

temps couvert, une immense mer de nuages recouvre les pics. Pour les gens de Lescun, l'aspect de cette montagne grise et nue offrait un contraste trop violent avec les pâturages tranquilles des environs qui s'étendent jusqu'au col des Anies : les habitants refusaient de s'y rendre, redoutant Jauna Gorri, le « seigneur rouge » ; ils tentèrent de retenir le premier marcheur intrépide qui manifesta son intention d'en gravir le sommet, craignant des représailles.

On raconte que Jauna Gorri dépasse par sa taille les arbres les plus hauts, et qu'au sommet du pic, il cultive dans son jardin une plante qui rend immortel. Lorsqu'on rencontre le seigneur rouge, il faut répondre finement et poliment à ses

À droite :
Au sommet du pic d'Anie, fief de Jauna Gorri, le « seigneur rouge ».

Les flancs arides du pic d'Anie.

La formation géologique

Les Pyrénées sont des montagnes jeunes, reposant sur des bases anciennes : l'essentiel de leur structure date de la fin de l'ère tertiaire, il y a environ quarante millions d'années, même si d'importants mouvements antérieurs ont eu lieu, au début de l'ère tertiaire (il y a environ soixante-dix millions d'années), suivis d'une longue période d'érosion. On pense aujourd'hui que les Pyrénées sont la conséquence de l'affrontement de deux plaques : celle d'Europe et celle de la péninsule Ibérique. C'est au centre de la chaîne que le soulèvement a été le plus important : tous les sommets de plus de 3000 mètres

des Pyrénées

y sont rassemblés. Les roches les plus anciennes, qui ont émergé des profondeurs entre le pic d'Anie et la Méditerranée, forment une zone axiale épaisse et résistante de roches granitiques et métamorphiques, qui ont soulevé avec elles des sédiments marins et leurs soubassements. A l'ouest du pic d'Anie, la zone axiale laisse place à un assemblage de roches diverses, d'où émergent quelques petits massifs primaires.
A la fin des plissements hercyniens se sont ajoutées, au nord et au sud, des chaînes formées de roches plus récentes. Parfois, ce sont donc des roches très résistantes, jaillies des profondeurs comme les granits du Néouvielle et de l'Aneto, qui ont édifié les sommets ; ailleurs, des roches vieilles de milliards d'années, comme les gneiss du Canigou, parfois des sédiments marins plus récents, comme au mont Perdu, ou encore des schistes comme au Carlit ou au Puigmal.

Au début de l'ère quaternaire les grandes glaciations ont recouvert les Pyrénées d'un carcan de glace : les glaciers ont partout raclé les roches, accentué les reliefs, creusé des cirques, des gorges et des bassins où se sont formés des lacs, élargi les vallées qu'ils ont barrées de verrous.
Cette période glaciaire s'est achevée il y a environ 15 000 ans, et la végétation est repartie à l'assaut des montagnes, d'abord sous forme de toundra, ensuite de forêts. Depuis 7000 ans, le climat est celui que nous connaissons actuellement.
Aujourd'hui, l'érosion continue de façonner les reliefs, et les Pyrénées bougent encore : les tremblements de terre y sont assez fréquents, et parfois destructeurs. Le dernier grand séisme, qui secoua le village d'Arette, en Béarn, en 1967, détruisit presque entièrement le village.

questions, sous peine de tâter de son bâton ; il ne craint qu'une chose : le son de cloche des églises et des chapelles, qu'il fuit à toutes jambes. La caverne qu'il occupe est emplie de richesses ; sa femme paraît parfois devant la grotte, vêtue de ses cheveux de lin. D'autres géants monstrueux, les méchants peluts, gardent son domaine et surveillent ses trésors.

Berger devant sa cabane, au cirque de Lescun.

LESCUN AIGUILLES D'ANSABÈRE

Le village de **Lescun** bénéficie sans nul doute d'un des plus beaux cadres des Pyrénées ; entouré de pics majestueux et d'imposantes murailles, le village n'est pourtant en rien écrasé par les montagnes ; tout près, le pic Billare semble veiller sur les prairies bordées de haies et de murets de pierres qui entourent le village. Point de départ d'innombrables excursions, Lescun n'a pas perdu son âme, et il semble faire bon vivre dans les vastes maisons béarnaises entou-

rées de potagers fleuris et de paisibles jardins.

Il est encore très tôt quand nous atteignons les chaos rocheux du **cirque d'Ansabère**, et à la cabane des « privés d'amour », les brebis sortent tout juste de la traite. Les aiguilles d'Ansabère sont déjà éclairées, et la lumière dorée éclabousse les sommets d'une teinte rosée. A mi-pente, quelques vautours sont réunis autour des bêtes crevées déposées là par le berger. Deux grimpeurs chargés de cordes, en route vers le « spigolo », une finc aiguille dressée à l'avant du pic, viennent un instant déranger la curée et les vautours disparaissent en quelques coups d'ailes derrière la crête.

Sur l'immense pierrier que forment les pentes dénudées, les cailloux roulent sous les pas ; progression monotone largement récompensée par la vue qui s'offre des promontoires dominant le spigolo, à ras des pentes vertigineuses d'où les blocs instables dégringolent avec fracas. Juste au dessous, les vautours passent au ras du sentier, et on peut entendre le vent siffler contre leurs ailes.

Le village de Lescun, au creux du cirque bordé de hautes murailles.

Vache à l'estive.

Le vautour fauve

On repère les vautours fauves grâce à leurs amples ailes très effrangées, prolongées d'une tête petite et d'une queue assez courte. Leur envergure peut dépasser 2,50 mètres. Ce sont de grands planeurs, qui savent mieux que personn utiliser les courants ascendants. Charognards, ils sont incapables de tuer une proie, mais se chargent de faire disparaître les carcasses de bêtes crevées portées à l'écart des troupeaux sur les aires de nourrissage.

Vautour fauve quittant son

Les vautours vivent en colonies, et la découverte d'un cadavre peut amener à la curée un nombre considérable d'individus. Ils vivent en général dans les escarpements rocheux et les cavernes naturelles creusées dans les parois, à proximité des vallées. La plus grande partie de la population pyrénéenne est concentrée sur la moitie ouest ; en hiver, la plupart des jeunes migrent vers l'Afrique.

Le spigolo d'Ansabère, défi vertigineux lancé aux amateurs d'escalade.

Tout en haut, juché sur l'embase de la croix qui marque le sommet du pic, un homme a tiré une petite flûte de sa poche, et entame solennellement un air de circonstance.

LESCUN OLORON-SAINTE-MARIE

Enserrée par les gaves d'Ossau et d'Aspe, la ville d'**Oloron-Sainte-Marie**, étape incontournable pour l'amateur d'art roman, s'élève au-dessus de la forêt. L'**église Sainte-Croix**, érigée à la fin du XIe siècle, est la plus ancienne de la ville. Sous la coupole d'inspiration mauresque, des thèmes mystérieux ornent les chapiteaux : ici, deux hommes nus, assis dans une cuve ; là, un oiseau à tête humaine et des dragons qui s'apprêtent à dévorer une femme à genoux.

En face de l'église se dressent quelques belles maisons médiévales opulentes, d'où émergent arcades et gargouilles.

La **cathédrale Sainte-Marie**, érigée au XIIe siècle sur la rive du gave d'Aspe, s'ouvre sur un portail roman au décor foisonnant, fleuron de l'art roman pyrénéen. Au centre, un

Magie du lever de soleil sur les Aiguilles roses d'Ansabère.

Gaston Fébus

Illustration du « Livre de la chasse » représentant Gaston Fébus entouré de chasseurs et de fins limiers.
Bibliothèque nationale de France.

Gaston III, comte de Foix et vicomte de Béarn, avait un grand rêve : la création d'un Etat pyrénéen. Pour cela, il était prêt à saisir toutes les opportunités que lui offraient les turpitudes de la guerre de Cent Ans : dégagé de l'autorité française, il parvient à obtenir auprès du Prince Noir d'Angleterre la souveraineté sur l'Aquitaine, et soumet la maison d'Armagnac, son ennemi juré, qui avait des prétentions sur la Bigorre.
En quelques années, il parvient à contrôler, du Béarn à l'Ariège, une vaste région, qu'il fortifie en plusieurs points le long de la frontière.
Habile politique, Fébus est aussi un poète ; à Toulouse, il a remporté la « Joya », un tournoi poétique réputé ; grand maître dans l'art de la chasse à courre, il publie un « Livre de la chasse » qui constitue la référence de ce style très prisé au Moyen Age et à l'époque moderne.
L'homme sait user de la propagande pour parvenir à ses fins ; il fait appel à Froissart, grand chroniqueur des cours européennes, pour rédiger sa biographie.
Mais, en 1380, un drame familial porte un coup sérieux à ses grands projets : son fils unique, influencé par le roi de Navarre Charles le Mauvais, tente de l'empoisonner. Sous l'emprise de la colère, Fébus tue son fils involontairement…
Privé d'héritier, il projette de remettre son royaume à la couronne de France et écrit le « Livre des oraisons » aux prières rédemptrices. En 1391, il meurt subitement d'apoplexie à l'hôpital d'Orion. On raconte, qu'apprenant par un coursier le décès de Jean d'Armagnac, son ennemi juré, il serait mort de joie. Ses possessions sont remises à Mathieu de Castelbon. Deux cents ans plus tard, son descendant Henri III, comte de Foix et de Béarn, deviendra roi de France sous le nom d'Henri IV.

couple de captifs enchaînés, écrasés sous le poids d'une dalle, évoque la victoire des croisés béarnais sur les Maures dans la vallée de l'Ebre. Autour, on retrouve, sculptées dans la pierre, la plupart des activités médiévales du Béarn : chasse à l'ours et au sanglier, tuerie du cochon, préparation de galettes, transport de tonneaux de vin et pêche au saumon. Au-dessus veillent les « quatre vieillards de l'Apocalypse », auxquels on ajouta, au XIXe siècle, des yeux d'émail pour les rendre plus impressionnants.

A droite du portail se tient une femme accroupie : c'est la sorcière, l'esprit du mal, vaincue par la puissance divine et enchaînée à l'église.

Vieilles maisons béarnaises du village de Borce.

OLORON-SAINTE-MARIE ETSAUT

A **Borce**, les belles maisons médiévales, typiquement béarnaises, pourvues au premier étage d'un four à pain en saillie, entourent la mairie, installée dans une maison forte du XIIe siècle ; comme dans d'autres vallées pyrénéennes, la communauté villageoise, représentée par des jurats et des syndics, relevait autrefois d'une organisation quasi démocratique, qui dépendait directement du comte de Béarn. Dans l'église romane, un pèlerin, un bourdon et une coquille sont sculptés sur le bénitier : nous sommes ici sur le chemin d'Arles à Saint-Jacques-de-Compostelle, qui remonte la vallée en direction du col du Somport.

L'ours, et plus récemment les controverses autour du tunnel du Somport, valut sa renommée à la vallée d'Aspe ; des écologistes convaincus, réunis à la « goutte d'eau » autour de Jacques Pététin, au fond de la vallée, menèrent longtemps bataille contre le tunnel et pour la sauvegarde des ours ; mais, fatigué de cette lutte inégale, Jacques Pététin a récemment jeté l'éponge et quitté les lieux pour se consacrer à d'autres combats.

C'est jour de ravitaillement pour les bergers perchés sur les estives, et l'on entend au-dessus des crêtes le vrombissement de l'hélicoptère : à l'aller, il transporte dans un large filet arrimé à l'appareil les bouteilles de gaz nécessaires aux bergers et des sacs de sel pour les bêtes ; au retour,

Claire, apprentie bergère

6 heures du matin, cabane de Grosse, en vallée d'Aspe. Claire et Eric, le berger, commencent leur journée. Il leur faudra trois heures pour traire les trois cent cinquante brebis qui donnent du lait actuellement, sur les sept cents bêtes qui composent le troupeau.

Claire apprend le métier ; elle passe tout l'été aux estives, et le reste de l'année en formation, qui comprend aussi une activité d'hiver, en agriculture ou en station de ski.

9 heures : la traite est terminée, la préparation du fromage peut commencer. Dans de grands tintements de métal, Claire verse le lait frais dans les marmites en fer-blanc, puis rince les bidons à grande eau. Tout est bétonné dans la salle de travail, car l'acidité du fromage attaque la plupart des matériaux de construction, et la salle doit être entièrement lavée chaque jour.

En pressant le fromage percé d'aiguilles, on extrait le petit lait.

Claire chauffe une première fois le lait à 30°, puis y verse deux ou trois cuillerées de présure. Le temps d'une pause café le lait est caillé ; elle rallume le brûleur et brasse régulièrement. Lorsque la température atteint 40°, elle place le caillé dans un moule percé de trous. Il faut ensuite tasser le caillé d'un geste vigoureux, puis y passer de longues aiguilles pour que le reste de petit lait puisse s'échapper.

Une partie du petit lait est distribuée aux animaux ; parfois, Claire l'utilise pour faire du « greuil », un fromage frais que l'on peut déguster salé ou sucré.

Une fois pressés, les fromages sont mis à égoutter dans la salle de travail ; demain matin, ils prendront place dans le saloir. Sitôt la première tournée terminée, on enchaîne sur la deuxième, qui s'achèvera vers 14 heures. Aujourd'hui, la journée est plutôt tranquille : c'est dimanche et la femme d'Eric est là pour les aider. Elle a eu l'idée cette année de proposer des séjours chez le berger, et un premier couple s'est laissé tenter : montés hier avec un âne pour porter les bagages, ils ont dîné à la cabane et dormi sur l'estive ; aujourd'hui, ils s'initient à la fabrication du fromage.

Le temps de casser une petite croûte, et Claire profite du répit de l'après-midi pour dormir un peu. La cabane est confortable : la salle de travail jouxte une petite cuisine surmontée de deux bat-flanc pour les lits, et une réserve. Pas d'électricité, mais une douche avec chauffe-eau.

Dans le saloir de l'estive, les fromages de la saison sont brossés et retournés chaque jour.

Vers 17 heures, le travail reprend : il faut à nouveau traire les bêtes, puis passer au saloir pour entretenir les fromages, alignés dans la pénombre sur des claies de bois. Les meules doivent être salées quatre jours de suite, puis brossées et retournées chaque jour. Il faut compter trois mois d'affinage : lorsque le troupeau redescendra des estives, les premiers fromages seront prêts.

23 heures : la nuit est déjà tombée depuis longtemps sur la prairie quand Claire rejoint la chaude intimité de la cabane. Le travail du berger ne supporte aucun répit, et tout l'été, il faut tenir le rythme. La première transhumance a eu lieu à la fin du mois de juin ; le troupeau s'est installé pour un mois à mi-hauteur, avant de gagner les hauts pâturages ; fin août, il fera le voyage en sens inverse pour redescendre définitivement dans la vallée à la fin du mois de septembre.

il rapporte les fromages des cabanes dépourvues de saloirs assez vastes pour contenir tous les fromages de la saison. Près des deux tiers de la surface du parc national sont constitués de pâturages occupés par les bêtes de juin à octobre ; certains bergers ont conservé l'usage de l'âne ou du mulet ; certains même y sont revenus après l'avoir abandonné ; Jacquotte, une fille du pays, a formé voici quelques années une équipe de muletiers qui sillonnent chaque jour la montagne pour porter les provisions et descendre les fromages. Une solution plus économique, et surtout plus respectueuse de l'environnement que l'hélicoptère.

ETSAUT – LAC GENTEAU

Au-dessus d'Etsaut, un sentier escarpé, véritable saignée taillée dans le roc à flanc de falaise, rejoint le parc national. C'est le chemin de la Mâture, construit au XVIIIe siècle pour acheminer le bois nécessaire à la construction des navires de la marine royale ; difficile d'imaginer, en parcourant l'étroit sentier, le travail des bûcherons et des ouvriers du chantier naval chargés de troncs assez longs pour y faire des mâts ; des radeleurs, véritables marins des montagnes dont le chef était qualifié d'amiral, acheminaient

La vie rude du berger sur l'estive nécessite un caractère bien trempé et un certain goût pour la solitude.

Le parc national des Pyrénées

Le parc national s'étend entre la vallée d'Aspe et la vallée d'Aure ; il comprend les vallées d'Ossau, d'Azun, de Cauterêts et de Luz : 457 kilomètres carrés de zone centrale à très forte protection, entourée de 2 063 kilomètres carrés de zone périphérique où vivent environs 30 000 habitants.

La principale vocation du parc est la protection du patrimoine naturel ; il doit permettre d'assurer la diversité biologique, inciter le public à observer un comportement respectueux envers la nature, et aider au développement des vallées. Des gardes sont chargés du suivi scientifique et de la surveillance du terrain.

Les négociations préalables à sa création, en 1967, furent difficiles ; l'Etat dut composer avec les collectivités locales : les scientifiques auraient notamment souhaité que la réserve de Néouvielle soit incluse dans la zone centrale. Mais promoteurs et élus locaux pensaient aussi aménagements touristiques et stations de skis, et l'on agença le parc de manière à y percer une route. Ce compromis difficile entraîne des complications certaines du travail de conservation et de protection : la largeur du parc est parfois dérisoire ; cantonné sur les hauteurs, il exclut une grande partie des vallées. Près des stations situées aux limites du parc, l'activité et la circulation dérangent les animaux. Paradoxalement, les limites du parc n'incluent qu'une infime partie du territoire à ours, et les quelques plantigrades qui subsistent aujourd'hui n'habitent pas dans le parc.

L'accueil du public est aussi un problème difficile à gérer ; le parc reçoit plus de deux millions de visiteurs chaque année. Une vingtaine de refuges y ont été installés.

Brebis rejoignant les pâturages au petit matin.

Le chemin de la Mâture, sentier escarpé taillé à flanc de falaise pour les besoins de la marine royale.

les radeaux de mâts jusqu'à Bayonne, où ils étaient répartis vers les différents arsenaux.

Du chemin de la Mâture, on domine le sinistre **fort du Portalet**, accroché à l'autre rive du ravin, qui protégeait autrefois l'accès de la vallée par l'Espagne. Sous l'Occupation, le maréchal Pétain y fit interner Léon Blum, Edouard Daladier et d'autres « indésirables », avant le procès de Riom. Lors de la suppression de la zone libre, une garnison allemande s'y installa, et à la Libération, le maréchal y fut incarcéré à son tour en attendant son procès.

Le chemin encaissé qui court à travers la forêt débouche soudain sur un large plateau couvert de thym serpolet et de chardons bleus, de massifs de bruyère et de fougères. A l'entrée du **parc national**, une cabane nous offre un refuge providentiel avant l'orage : juste le temps d'une toilette rafraîchissante dans le torrent, et un brouillard épais masque le paysage ; l'orage, violent, éclate un peu plus tard, déversant des torrents de grêle et de pluie sur la vallée ; en quelques minutes, le paisible ruisseau se transforme en un torrent bouillonnant. Bien à l'abri dans la cabane, rassemblés près du poêle, nous écoutons l'averse se mêler au tintement des clarines des vaches abritées sous le toit.

C'est sous le soleil que nous reprenons notre marche à travers les pâturages ; du col d'Ayous, le **pic du Midi d'Ossau** semble tout proche ; l'orage a libéré les senteurs de la terre et nettoyé le paysage des brumes accrochées aux pentes ; l'air est limpide et clair. Derrière le col, le

lac supérieur d'Ayous, ou **lac Genteau**, accroche dans ses eaux le reflet du pic, et annonce une succession de petits lacs sertis de pelouses opulentes, où pousse l'iris des Pyrénées. Conservatoire unique de la flore pyrénéenne, le parc abrite la plus grande partie des cent cinquante espèces endémiques de la chaîne.

A partir du lac de Bious-Artigues, on peut en une journée faire le tour du pic pour en admirer toutes les facettes.

LAC GENTEAU – GABAS

7 heures du matin : sur le plateau qui s'étend au-dessus du **lac de Bious-Artigues**, quelques isards paissent au milieu des vaches et des moutons ; à notre approche, ils se réfugient en quelques bonds dans les pierriers où ils se savent inaccessibles. L'isard appartient à la famille des antilopes. Il est capable de déva-

Dressé au-dessus du lac Genteau, « Jean-Pierre », le pic du Midi d'Ossau.

ler à grande vitesse les pentes les plus escarpées et s'aventure sur des névés vertigineux. C'est la femelle qui, durant un an, apprend au jeune à se déplacer dans la montagne et à identifier ses prédateurs, aigle royal, renard ou être humain.

Dominant le cirque de l'Embarcadère, isolé au milieu des pâturages, le pic du midi d'Ossau dresse à la verticale ses deux pointes jumelles. Au col de l'Iou, quelques isards encore, dont les silhouettes se dégagent sur le ciel au-dessus d'une crête. Depuis la création du parc national, le cheptel est en progression constante. Les premières heures de la journée et la fin d'après-midi sont les moments les plus propices à l'observation, lorsque les hardes cherchent leur nourriture. Au printemps, les isards se nourrissent de bourgeons dans la hêtraie sapinière ; leur repas terminé, ils se reposent et ruminent à l'abri des rochers, et deviennent beaucoup plus difficiles à observer.

L'iris des Pyrénées, espèce endémique des Pyrénées centrales assez répandue sur les hauts pâturages.

L'iris des Pyrénées

Ses grandes fleurs veloutées, d'un bleu vif, s'épanouissent sur les pelouses en terrain calcaire ou siliceux ; elle occupe parfois des pâturages entiers. Beaucoup cueilli, il s'est raréfié sur les parcours de randonnée très fréquentés. Son bulbe possède des vertus purgatives (il va sans dire qu'à l'intérieur du parc national, la cueillette est interdite ; on se contentera d'observer les plantes comestibles, et on les cueillera, avec parcimonie, sur les pentes non protégées).

Ferme de la vallée d'Estaing.

GABAS – GOURETTE

11 novembre : il a neigé toute la nuit, et au matin, la forêt est magnifique. Au bord de la Soussouéou, les ramures argentées des hêtres perdent leurs dernières feuilles, qui tombent en pluie silencieuse sur l'épais tapis de neige. Cerfs et chevreuils sont venus boire à la rivière, et leurs traces sont encore bien visibles. A présent, ils dorment sous les épais taillis, à l'abri de la neige et du vent glacé. Pas un bruit ne s'échappe des futaies : pour les animaux, les premiers froids sont souvent les plus durs, et ce matin, nul chant ne vient égayer la forêt immobile.

GOURETTE ARRENS-MARSOUS

A l'extérieur de l'église romane Saint-Pierre d'**Arrens-Marsous** subsiste le bénitier des « cagots », ces parias des Pyrénées dont les des-

Bivouac de chasseurs d'isards au bord du lac d'Artouste.
Coll. Christian le Corre.

L'isard : espèce sauvée ?

Jusqu'au milieu du XXe siècle, des équipes de chasseurs d'isards parcouraient en tous sens les hautes vallées d'Aspe et d'Ossau, et l'espèce menaçait de disparaître. Des mesures draconiennes ont été prises ; on a constitué des réserves de chasse et institué des quotas, et aujourd'hui, on compte environ 50 000 isards sur l'ensemble de la chaîne. Mais les jeunes mâles, dans leurs premières années, sont souvent contraints de quitter le groupe ; ils franchissent donc les limites des réserves, et sont traqués par les chasseurs qui les attendent au plus près. Les chasseurs, après avoir constaté qu'ils ne tuaient que des animaux légers et petits, conclurent à une dégénérescence de la race dans les espaces protégés, argument qu'ils avancent en espérant pouvoir « contrôler » les populations d'isard au sein du parc. L'espérance de vie de l'isard est de douze ans en moyenne ; elle passe à trois ans en zone de chasse, où seuls les jeunes, qui n'ont pas encore atteint la taille adulte, s'aventurent en grand nombre.

cendants, au début du XXe siècle, continuaient encore à être victimes de discriminations dans certains villages reculés.

Cagots en Bigorre, Chrestiaas en Béarn ou Agotak en Pays basque, tous étaient frappés d'infamie : les causes de cette discrimination ancestrale étaient, selon les sources, d'origines variées : descendants des Wisigoths ou des Maures christianisés, anciens lépreux mis à l'écart, ou peut-être tout cela à la fois...

On attribuait aux cagots une mauvaise haleine et une propension à contaminer et à pourrir tout ce qu'ils touchaient. Il leur était interdit de laver leur linge au lavoir, de marcher pieds nus et de boire l'eau des fontaines. Les « fors » de Béarn exigeaient la présence de sept cagots pour un témoignage valable.

Il était interdit aux cagots de se marier hors de leur caste ; privés de nom de famille, ils portaient un prénom ou un diminutif, suivi de l'infamante mention « chrestiaas ». Ils ne pouvaient travailler la terre et seuls les métiers du bois, réputé comme matériau sain qui ne transmettait pas les maladies, leur étaient autorisés : ils étaient menuisiers, charpentiers, tonneliers ou luthiers, et habitaient des lieux-dits à l'écart des villages : Michelenea à Saint-Etienne de Baïgorry, Chubiloa à Saint-Jean-Pied-de-Port, Accous en Béarn...

Seule l'église leur était ouverte ; encore devaient-ils y pénétrer par une porte spéciale et utiliser un bénitier qui leur était propre.

Pourquoi faut-il éviter les pistes ?

Percées par les bûcherons ou les gardes forestiers, les pistes sont aujourd'hui beaucoup trop nombreuses dans les Pyrénées. Depuis les années 1980, les autorités, et particulièrement l'Office national des forêts, ont fermé par des cadenas une cinquantaine de pistes forestières ; mais les cadenas ont été si régulièrement brisés par les amateurs de tout-terrain et les chasseurs, qu'ils ont été remplacés par des barrières et des panneaux. La multiplication des pistes favorise grandement l'érosion, et ces incursions sauvages d'engins motorisés effraient et dérangent les animaux dans ce qui leur reste de territoire.

La petite église et le calvaire de la vallée d'Estaing, endormis sous la neige.

D'Arrens-Marsous au refuge de Bastan
la Bigorre

ARRENS-MARSOUS LAC D'ILHÉOU

Les vapeurs fantomatiques qui s'échappaient des eaux du lac d'Estaing au crépuscule étaient autrefois considérées comme une manifestation des fées aux pouvoirs enchanteurs, qui habitaient un riche palais au fond du lac. On raconte que de l'union d'une fée du lac à un homme du village de Sireix, naquirent les ancêtres de la famille Bernadotte, qui règne aujourd'hui sur la Suède.

Page de gauche :
Reflet tourmenté des nuages dans les eaux glacées du lac de Gaube.

On raconte que sous les eaux du lac d'Estaing se cache un palais fabuleux où demeurent les fées.

La gare routière de Cauterêts, pavillon norvégien de l'Exposition universelle de 1889.

Les fées tenaient autrefois une grande place dans l'imaginaire pyrénéen ; on pouvait les rencontrer près des sources, des lacs et des rivières, où elles lavaient leur linge magique. Discrètes mais bienveillantes, elles exauçaient volontiers les vœux de ceux qui les sollicitaient, en échange de quelques attentions : un peu de brioche ou un bol de lait. Mais si par malheur on leur faisait outrage, en venant troubler leur quiétude au fond des eaux ou en leur dérobant quelque objet magique, leur courroux pouvait se montrer effroyable, et elles ne vous laissaient plus un instant de paix.

LAC D'ILHÉOU
CAUTERÊTS

Au XVIe siècle, Marguerite de Navarre séjourne à Cauterêts et lance la station thermale, connue depuis l'Antiquité, en surnommant « fontaine d'amour » une des sources aux vertus fertilisantes, réputée pour guérir les femmes de la stérilité. Les mauvaises langues assuraient que les « fretayres », ou « frotteurs », ancêtres des masseurs employés à la fontaine, y étaient pour beaucoup.

Au siècle dernier, le tout-Paris vient s'imprégner de ces lieux romantiques : hôtels luxueux du boulevard Latapie-Flurin, chalet de la princesse russe Galitzine, Casino et Grand

Sur les rives du gave de Cauterêts, la neige adoucit les contours et fait ployer les branches des arbres.

Théâtre où chanta Sarah Bernhardt...

Sur le sentier des cascades qui mène au **pont d'Espagne**, une petite île a gardé son nom : campant dans sa voiture, la tragédienne y trouva refuge alors que, excédé par les dégâts qu'avait commis son léopard, le directeur d'un hôtel luxueux les avait chassés.

Aujourd'hui, avec ses marchands de berlingots et de souvenirs montagnards, la ville présente surtout l'aspect d'une station touristique très fréquentée dès les premiers beaux jours.

CAUTERÊTS
LES OULETTES DE GAUBE

Du célébrissime site du pont d'Espagne, un sentier de granit bordé de pins à crochets mène au **lac de Gaube**, paradis des âmes romantiques ; ici, les roches charriées par les glaciers en fusion, il y a quinze mille ans, ont partout laissé leur trace, formant des sillons rectilignes sur les roches dures qu'elles traversaient.

Les eaux couleurs d'émeraude du lac de Gaube, entourées de conifères et de rochers acérés, acquirent au XIXe siècle une aura dramatique à la suite d'un malheureux accident : William et Sarah Pattison, jeunes mariés anglais en voyage de noce, s'y noyèrent mystérieusement alors qu'ils faisaient une promenade en barque ; l'affaire fit les délices des chroniqueurs et des voyageurs romantiques, toujours avides de paysages douloureux et d'anecdotes tragiques. Un pêcheur qui avait installé sa cabane sur la rive y gagna même quelque argent en faisant payer un sou pour admirer la plaque commémorative ; Victor Hugo lui-même ne manqua pas la visite, et relata l'anecdote dans son « Voyage aux Pyrénées ».

Du granit encore, de vastes pelouses, et l'on atteint, au bout d'une prairie tranquille où paissent quelques moutons, les Houlettes de Gaube et la face nord du **Vignemale**. Le sommet, qui ferme le fond de l'Oule, forme un curieux contraste avec l'atmosphère paisible du haut pâturage.

Le glacier des Oulettes et le sommet du Vignemale (3 298 mètres).

Au-dessus de la muraille grise qui tombe à pic sur le petit glacier des Oulettes, trône le grand glacier d'Ossoue, enserré par les pointes acérées des sommets : Montferrat, Piton carré, Petit Vignemale et Cerbillona... Le « couloir de Gaube », dont l'ascension resta longtemps une prouesse, précède le sommet gris et nu de la plus haute montagne des Pyrénées françaises.

Les étages montagnards

En montagne, sur un dénivelé de 3 000 mètres, la diversité de peuplement végétal et animal est comparable à celle qui se développe de l'Espagne à la Norvège. Tous les 100 mètres, la température diminue en moyenne d'un demi-degré.

Sur les collines, la plupart des forêts primitives de chênes et de châtaigniers ont été remplacées par des cultures et des pâturages.

A l'étage montagnard (800 à 1 600 mètres), les nuages se heurtent de front aux versants et forment une ceinture qui déverse de grandes quantités d'eau. Les brouillards s'accrochent à la forêt, alors qu'en contrebas l'air est limpide, et que plus haut le soleil brille au-dessus d'une mer de nuages. Cette humidité est favorable au développement des forêts de hêtres et de sapins. Ce dernier aime l'ombre, et on le rencontrera souvent sur les versants exposés au nord. La forêt couvrirait l'étage montagnard d'un manteau homogène, si elle n'avait été défrichée pour les pâturages et les besoins en bois. Aujourd'hui, elle reprend de l'ampleur et part à l'assaut des landes abandonnées, couvertes de genévriers ou de fougères.

A l'étage subalpin (1 700 à 2 500 mètres environ), l'éclairement est prolongé, et l'air laisse passer davantage de radiations solaires ; l'éclairement est plus important mais la neige persistante et les écarts thermiques réduisent à cinq mois la période de végétation. Aux franges supérieures de la forêt, la lande à rhododendrons est caractéristique ; s'y mêlent quelques résineux, souvent des pins à crochets, des sorbiers échappés de la forêt, les genévriers et les raisins d'ours : des espèces robustes qui ne craignent ni le froid ni le soleil. Au-dessus, on a coutume de placer une « zone de combat », où les arbres pionniers et les plantes subalpines rejoignent la végétation de l'étage alpin. Ici, même les arbrisseaux ont disparu, et sur les immenses étendues herbeuses croissent uniquement des végétaux de petite taille, plaqués au sol par le froid et les vents violents qui engendrent une forte évaporation. Ici, la végétation ne dispose que de deux ou trois mois pour se régénérer ; seules les plantes vivaces dotées d'organes souterrains ou étalés sur le sol parviennent à se maintenir.

Au-dessus s'étend l'univers minéral et glacé de l'étage nival. On y trouve quelques espèces particulièrement résistantes, échappées de l'étage alpin, des saxifrages et des lichens sur les rochers.

Au refuge des Houlettes de Gaube, une série de photographies du glacier du Vignemale prises à différentes époques depuis le début du siècle dernier, montre de manière frappante le recul des glaces et la transformation du paysage. La plus haute grotte creusée par Russel non loin du sommet est aujourd'hui inaccessible, ensevelie sous les débris entraînés par la fusion des glaces. Aujourd'hui, le recul est plus lent, et certains glaciers ont même repris du poil de la bête.

Ce soir, nous nous offrons un bivouac contemplatif au pied du Vignemale, nous endormant sous les étoiles ; mais vers minuit l'orage éclate ; le tonnerre roule, tout près, et la pluie nous oblige bientôt à un repli stratégique à cinq dans une tente minuscule, où nous nous tassons tant bien que mal jusqu'à l'aube.

LES OULETTES DE GAUBE
GAVARNIE

Au matin, le beau temps est revenu ; sur les pentes arides qui mènent à Gavarnie et au **Petit Vignemale**, nous observons quelques grassettes, une petite plante carnivore de haute montagne, qui

attire sur ses feuilles humides et gluantes les moucherons en quête de nourriture. L'orage nocturne a laissé sur les plantes minuscules des gouttelettes irisées qui accrochent la lumière. Même les éboulis les plus instables, lorsqu'ils sont assez fins, sont propices au développement de quelques plantes pionnières et tenaces, qui savent profiter de la moindre fissure et du peu de terre qui s'y trouve. On pourra observer ici le pavot parfumé, des saxifrages et l'androsace ciliée ; dans les éboulis humides qui bordent les névés s'épanouissent les fleurs roses de la renoncule des glaciers, qui ne se plaît qu'au-dessus de 2 800 mètres. La mobilité des blocs impose aux végétaux une adaptation particulière : ils vont chercher la terre en profondeur grâce à leurs longues racines, et s'y accrochent en souplesse pour ne pas être emportées ou blessées par les éboulis. Le réseau souterrain formé par les racines contribue à la stabilisation du terrain, préparant ainsi l'installation d'une pelouse.

Près du **refuge de Bayssellance**, on découvre trois grottes taillées dans la roche formant de parfaits abris : ce sont quelques-uns des « palais » d'Henri Russel. Après avoir

La Hourquette d'Ossoue, à deux pas du refuge de Bayssellance.

Conquête des sommets et

Ce sont les scientifiques qui, les premiers, se sont intéressés aux Pyrénées. En 1781, Bernard de Palassou rédige un « Essai sur la minéralogie des monts pyrénéens », qui présentent pour la première fois une vue d'ensemble du massif. En 1787, Ramond de Carbonnières, secrétaire du cardinal de Rohan, suit celui-ci à Barèges lorsqu'il est disgracié après l'affaire du collier de la reine. Botaniste mais aussi poète et écrivain, il monte au pic du Midi de Bigorre, s'aventure dans le massif de la Maladeta et autour du cirque de Gavarnie. Il recherche les plus hauts sommets, en 1789, fait paraître ses « Voyages aux Pyrénées En 1795, il entreprend avec le botaniste Lapeyrou auteur d'un ouvrage répertoriant toute la flore du massif, ses « Voyages au Mont Perdu », dont il atteint enfin le sommet en 1802.

Du sommet du Petit Vignemale, vue sur le glacier d'Ossoue.

parcouru le monde en tous sens, ce voyageur chevronné issu de l'aristocratie irlandaise se prit de passion pour les Pyrénées, et se lança à l'assaut des sommets. Il avait une tendresse particulière pour « son » Vignemale, dont la vallée de Barèges lui accorda la concession pour quatre-vingt-dix-neuf ans en 1889. Il fit alors creuser sept grottes réparties le long du pic. La « grotte du paradis », la plus haute, est creusée à 18 mètres de la Pique Longue, le sommet du Vignemale.

Un banc de pierre, quelques crochets scellés aux parois, une lourde porte de fer : dans ses refuges de roche, Russel recevait ses amis et donnait parfois des fêtes ; installé sur une couche de foin frais recouvert de tapis, Russel régalait ses hôtes, en pleine montagne, de cigares et de vins fins. Plus souvent, il y passait des nuits solitaires, enroulé dans un sac en peau d'agneau, pour admirer le coucher du soleil sur la Pique Longue. Aujourd'hui, les grottes du haut sont plus ou moins prises par les glaces, et l'on n'y accède qu'avec difficulté.

La « villa Russel » et la « grotte des Dames », deux des sept grottes du Vignemale creusées à la force du poignet par une dizaine d'ouvriers, à 3 000 mètres d'altitude.

Coll. Musée pyrénéen de Lourdes, ph. Studio Prat.

naturalisme : les premiers pyrénéistes

Friedrich Parrot, lui, s'intéresse à la hauteur des pics ; en 1817, il atteint le sommet de la Maladeta avec le guide luchonais Pierre Barrau, et reconnaît l'Aneto comme le plus haut pic des Pyrénées.
Vincent de Chausenque, promeneur insatiable, parcours la montagne en tous sens ; il réalise la première ascension du Néouvielle et écrit ses « Randonnées pédestres... », dont la lecture amena Henri Russel à parcourir les Pyrénées.
La fin du XIXe siècle voit naître les premiers grands travaux de cartographie : Franz Schrader, qui explore la chaîne pendant près de soixante ans, consigne dans ses carnets une foule de renseignements ; il écrit, dessine et invente des instruments de mesure comme l'orographe ; Edouard Wallon réalise la première carte d'ensemble des Pyrénées. En 1858, le guide Joanne fixe pour de longues années l'image touristique du massif.
Au début du XXe siècle, les cinq frères Cadier, grands admirateurs de Russel, recherchent des nouvelles voies et collectionnent les sommets : Aneto, Vignemale, Néouvielle, mont Perdu, Marboré... et leur préféré, près du village natal : « Jean-Pierre », le pic du Midi d'Ossau.
Arlaud enfin, entre les deux guerres, puis Robert Ollivier et Maurice Jeannel démocratisent les ascensions en organisant des camps itinérants en haute montagne et en éditant les premiers topo-guides, qui marquent le début de la randonnée collective.

Guide des Hautes-Pyrénées en équipement montagnard.
Coll. Christian Le Corre.

Bien que très fréquenté dès les premiers beaux jours, le **cirque de Gavarnie** tient ses promesses ; paysage puissant, maintes fois décrit, qui ne peut pas décevoir. Ses parois entourées de gradins s'élèvent d'un seul élan à 1 700 mètres d'altitude ; une longue cascade plonge des glaciers vers les éboulis du cirque.

Au début du siècle dernier, l'endroit évita de peu la catastrophe : un industriel avait conçu le projet de transformer le site en installation hydroélectrique, et c'est Pierre Loti qui, alarmé, alerta la presse pour que la chose soit évitée, inventant du même coup la pression médiatique. En 1997, le cirque de Gavarnie et la région du mont Perdu, de l'autre côté de la frontière, ont été inscrits comme patrimoine mondial de l'humanité sur la liste de l'Unesco.

Le village de Gavarnie, à 1 365 mètres d'altitude, semble voué tout entier à l'ascension des montagnes qui l'entourent. Les guides, munis de chevaux et de mules, déambulent parmi le flot des badauds et des touristes qui longent les boutiques où s'alignent provisions de route et matériel d'alpinisme. Dans le petit cimetière du village reposent quelques pyrénéistes célèbres, comme le cartographe Franz Schrader, qui explora la chaîne pendant plus de soixante ans.

Russel à l'entrée d'une de ses « villas » du Vignemale, en compagnie de quelques guides du pays.
Coll. Musée pyrénéen de Lourdes, ph. Studio Prat.

Le refuge des Sarradets, au pied de la brèche de Roland.

GAVARNIE – PARC NATIONAL D'ORDESA – MONT PERDU

C'est par le port de Boucharo que l'on rejoint les hauteurs du cirque. Quelques névés jalonnent le parcours jusqu'au **col des Sarradets** ; face au refuge, sur la paroi immense qui ferme l'horizon, la **brèche de Roland** apparaît comme une porte ouverte sur un autre monde.

Nous installons notre bivouac entre deux rochers, pour contempler les derniers rayons du Soleil qui viennent caresser le haut des parois. Vers minuit, je jette un œil au dehors de

Les parois sommitales du cirque de Gavarnie.

Au petit matin, la lente montée des caravanes de randonneurs vers la brèche.

mon sac de couchage : la Lune est placée exactement au centre de la brèche.

Au petit matin, on rejoint en quelques foulées sur la pente enneigée cette porte ouverte sur l'Aragon qui s'élève à 100 mètres au-dessus du sol. De l'autre côté, derrière l'imposant Descargador (littéralement : la bouse de vache), le canyon d'Ordesa ferme l'horizon. On pourra sans trop de difficultés gravir l'un des sommets qui dominent le site, mais qu'on gravisse le **Casque**, le **Taillon** ou la **Tour**, neige et éboulis nécessitent de progresser d'un pied sûr, muni de l'équipement adéquat.

A l'altitude de 2 946 mètres, le col de la Cascade, dominé par les grès

Sur les hauteurs de Gavarnie, l'ascension du Casque, un des meilleurs belvédères pour admirer les deux versants des Pyrénées.

Ci-dessus : *La brèche de Roland, trait d'union des deux versants pyrénéens.*

Les crêtes désolées du mont Perdu (3 355 mètres).

roux du Marboré, permet de rejoindre le col du Cylindre, avant de redescendre sur le lac glacier qui scintille au pied des « **Tres Sorores** » : Soum de Ramond, Cylindre et mont Perdu. D'après la légende, les trois pics ont jailli des profondeurs de la terre le jour où trois sœurs de la vallée de Broto furent tuées par les hommes d'une vallée voisine.

Il faut franchir deux barres rocheuses pour atteindre le sommet du **mont Perdu**, à 3 355 mètres d'altitude, dont les hauteurs calcaires dominent toute la région : au nord, les Pyrénées françaises et le pic du Midi de Bigorre ; à l'ouest, le Vigne-

Au sommet du Casque, avec, en arrière-plan, le Vignemale.

Les corniches impressionnantes des Sestrales (2 106 mètres), dominant le canyon d'Anisclo.

Lapiaz du plateau sommital des Sestrales.

male ; à l'est, les massifs de l'Aneto et de la Maladetta et au sud, les canyons escarpés du haut Aragon : Ordesa, Anisclo et Escuain, prolongés par l'immensité bleutée des sierras espagnoles.

« La dame blanche du chemin des vaches » : le percnoptère

Le percnoptère d'Egypte, surnommé marie-blanque, est un petit vautour aux ailes blanches bordées de noir, teinté d'une touche d'orange sous la gorge. Visiteur saisonnier, il arrive au printemps d'Egypte ou du Moyen-Orient.

Percnoptère d'Eg
Ph. Émile Barbelette,

Les percnoptères se rassemblent parfois en groupes importants pour la nuit, perchés sur des arbres où ils échangent probablement des informations. Ils partagent avec les vautours les aires de nourrissage, se nourrissant des charognes abandonnées, mais sont incapables de dépecer les gros cadavres et doivent se contenter des restes ; ils fréquentent aussi volontiers les décharges, et c'est parmi les détritus qu'on pourra les observer le plus facilement. Ils savent à l'occasion se servir d'un outil : on les a vus en Afrique jeter des cailloux contre les œufs d'autruche pour les ouvrir.

Les percnoptères aiment se loger en haut des parois rocheuses, dans une petite caverne ou sous une corniche bien abritée. Chaque année, le couple élève un petit, qui repart avec ses parents vers l'Afrique ou l'Orient où il reste quelques années avant de revenir nidifier dans les Pyrénées. La population pyrénéenne est estimée à moins de trois cents couples, dont une quarantaine sur le versant nord. La disparition des décharges et l'ingestion de poisons destinés aux ours ont mené l'espèce au bord de la disparition ; aujourd'hui, elle est protégée mais la population diminue chaque année sans que le mouvement puisse être enrayé.

Le refuge de Goriz permet de jouir à l'envi de ce décor karstique somptueux et d'atteindre par Fuente Blanca le **canyon d'Anisclo**, un des lieux les plus sauvages des Pyrénées. Les eaux couleur

Les gigantesques parois d'Ordesa, le plus grand canyon d'Europe, mémoire pétrifiée des temps géologiques, parc national depuis 1978.

d'émeraude du rio Velos dévalent en cascades bouillonnantes entre les parois verticales prises d'assaut par les pins à crochets. Ici vit l'euprocte, un animal voisin du triton dont on ne connaît que trois espèces au monde, en Pyrénées, en Corse et en Sardaigne. Ces espèces sont les témoins des bouleversements géologiques : issus de la même souche, elles existaient déjà il y a plus de 25 millions d'années, avant que la Corse et la Sardaigne ne soient séparées du continent.

Du lieu-dit la Ripareta, à la jonction des gorges d'Anisclo et de la Pardina, un étroit sentier, parfois taillé dans la roche et entrecoupé d'éboulis, descend dans la hêtraie jusqu'à l'ermitage troglodytique de San Urbez.

Il faut ensuite revenir sur ses pas jusqu'au col de Goriz, pour rejoindre le cirque de Soaso et le canyon d'Arazas, en **vallée d'Ordesa**. Les rapaces vivent ici en plus grand nombre que sur le versant français, jaillissant des vires

Le Descargador, somptueux belvédère dominant le canyon du Cotatuero à deux pas de la grotte glacée Casteret, dont l'accès est aujourd'hui réservé aux scientifiques.

étroites creusées dans les parois de calcaire. Ici survivent les derniers bouquetins des Pyrénées, décimés au XIXe siècle par les chasseurs, et aujourd'hui en limite d'extinction ; un projet de réintroduction, avec des animaux issus d'autres sierras espagnoles, permettra peut-être de repeupler les falaises d'Ordesa.

Par les Claviras du Cotatuero, anciennes barres de fer posées par les chasseurs de bouquetins pour

franchir la paroi verticale, on accède en quelques heures au Descargador, puis à la grotte glacée Casteret, dont l'accès est aujourd'hui réservé aux scientifiques, avant d'atteindre la brèche de Roland.

LA SIERRA DE GUARA

Heureuse alternative aux journées pluvieuses du versant français, la **sierra de Guara** reste une des régions les plus sauvages et les mieux préservées des Pyrénées espagnoles. Le soleil y brille trois cents jours par an et les habitants guettaient autrefois avec impatience les orages qui se déversaient en trombe sur ces plateaux arides. Les conditions de vie très rudes et l'isolement ont eu raison de la plupart des villages. Les vastes maisons de pierres sèches, aujourd'hui abandonnées, ont conservé sur leurs murs le lavis bleu d'azur et les carreaux de cuisine, parfois aussi quelques meubles intransportables. En moins d'un siècle, plus de cent soixante communes se sont entièrement vidées de leurs habitants.

Les routes carrossables sont rares dans la sierra, et c'est à pied qu'il faut parcourir les plateaux couverts d'épineux, arasés par le soleil et le vent, où seuls subsistent

En haut : ***Les « oscuros » du rio Vero, étrange alchimie d'ombre et de lumière, où l'eau a sculpté la roche.***
En bas : ***Lucien Briet, grand découvreur de la sierra de Guara, qui explora et photographia pendant près de dix ans les hautes vallées et les gorges sauvages des Pyrénées aragonaises, au début du XXe siècle.*** Coll. Musée pyrénéen de Lourdes, ph. Studio Prat.

L'ermitage semi-troglodytique d'Anies, entouré de cellules rupestres où méditaient les moines anachorète

Chapiteau du cloître d'Alquezar : ici, art sacré et pastoralisme ont traversé les siècles.

Bergerie de Nocito, village perdu de la sierra de Guar

Berger aragonais, couvert de sa cape en peau de chèvre.

aujourd'hui des buissons épineux. La beauté cachée des profonds canyons se dévoile à mesure que l'on progresse entre les parois étroites et sombres : ici coule une eau couleur turquoise, qui a sculpté dans la roche des formes féeriques, des ressauts et des bassins profonds où s'engouffrent les cascades ; l'eau chargée de calcaire a pétrifié les troncs abattus et poli les rochers qui luisent au soleil.

Au-dessus du Rio Vero, les maisons de pierres du village d'Alquezar, objets d'une restauration exemplaire, se serrent contre la pente entre les terrasses bordées de murets, où poussent l'amandier et l'olivier.

Une des merveilleuses petites églises romanes qui parsèment le Somontano, piémont de la sierra de Guara.

L'aigle royal

L'aigle royal se nourrit de petits mammifères et d'oiseaux, y compris des petits rapaces. En piqué, il peut atteindre une vitesse proche de 150 kilomètres à l'heure. Lorsque sa proie est trop lourde pour qu'il la porte jusqu'à son nid, il la dépèce sur place à grands coups de bec, et emporte ensuite les meilleurs morceaux. Quand la chasse est infructueuse, il se contente de dépouiller les carcasses d'animaux morts. Un aigle peut vivre une quarantaine d'années et garde toujours le même territoire ; le mâle et la femelle restent fidèles toute leur vie. L'aire est en générale située sur une paroi verticale, sur un ressaut ou à l'abri d'un surplomb. Les petits naissent au début du mois de mai mais un seul d'entre eux réussit en général à survivre. Au printemps suivant, il quitte ses parents pour trouver une compagne et s'établir sur son propre territoire. Les Pyrénées abritent environ deux cents couples d'aigles royaux, dont une cinquantaine sur le versant nord ; c'est dans les Pyrénées orientales qu'ils sont les plus nombreux.

En haut à droite :
Les parois du cirque d'Estaubé, aux dimensions presque intimes après les déploiements grandioses de Gavarnie.

GAVARNIE – ESTAUBÉ

Gavarnie, Estaubé, Troumouse : ce sont les glaciers quaternaires qui ont formé ici ces amphithéâtres gigantesques.

Des trois cirques, celui d'**Estaubé** est le plus modeste ; fermée d'un parfait demi-cercle l'étroite vallée encaissée qui le prolonge s'est emplie de brouillard. Tout près de moi, un aigle passe dans un glisse-

Le lac des Gloriettes, point d'orgue du cirque d'Estaubé.

ment léger et puissant, attentif aux cris d'alerte d'une marmotte juchée sur un rocher. Au fond du cirque se dresse le sommet du **Piméné**, fantastique belvédère sur le massif du Vignemale et la couronne de « 3000 » émergeant des gradins de Gavarnie, avec, en arrière-plan, le mont Perdu et le Cylindre.

A l'approche du lac des Gloriettes, le paysage se fait plus paisible, parsemé de framboisiers, d'aconits et d'œillets au parfum délicat. Quelques carlines acaules, au bord du sentier, agissent comme des baromètres : par temps sec, elles font songer à des soleils piqués dans les pâturages ; lorsque la pluie menace, leurs bractées couleur d'argent se referment et recouvrent les fleurs, qui apparaissent hérissées de piquants. La carline est comestible et délicieuse ; on peut en déguster le cœur, comparable à celui d'un artichaut.

La Hourquette d'Alans, qui donne accès au Piméné (2 800 mètres), excellent belvédère sur le cirque de Gavarnie.

ESTAUBÉ - TROUMOUSE

Au creux de l'imposant cirque de **Troumouse** parsemé de collines, les dômes et les pyramides de rochers font songer à des maisons de lutins dressées au bord des petits lacs tranquilles. Ce jour-là, les gardes du parc national ont installé des longues-vues qui permettent d'observer les isards paissant tranquillement au milieu des rochers.

Reliefs fantaisistes de l'érosion glaciaire au cirque de Troumouse.

Marmotte aux aguets ; à la moindre alerte, elle rejoindra la profondeur rassurante du terrier.

C'est ici que la marmotte, qui avait disparu des Pyrénées depuis les glaciations quaternaires, fut réintroduite pour la première fois en 1948. Les marmottes se plaisent sur les pelouses parsemées de rochers, qui leur servent de poste d'observation et sous lesquels elles creusent leurs terriers.

A l'automne, dès que le temps se rafraîchit, elles s'activent avant l'hibernation et rapportent du foin qui servira de litière confortable. Elles ont stocké dans leur corps de quoi tenir quelques mois, bien à l'abri sous leur terrier recouvert de neige, pelotonnées les unes contre les autres dans l'obscurité. Quand il fait très beau, il peut arriver qu'elles sortent le bout de leur nez.

Un jour connu d'elles seules, alors que la neige est toujours là, les marmottes se réveillent pour de bon et attaquent la vie en plein air. Elles ont perdu la moitié de leur poids, et doivent alors souvent s'éloigner loin du terrier pour trouver leur nourriture, et c'est là que l'aigle, et parfois le renard, fait ses plus belles chasses. Celles qui ont la chance d'échapper aux prédateurs peuvent vivre près d'une quinzaine d'années.

La marmotte retrouve son aplomb et sa belle santé quand arrive la saison des amours ; les petits naissent début juillet, un mois après l'accou-

Sur les hauteurs du cirque de Troumouse, le col de la Sède s'ouvre sur la vallée de Luz.

plement. Tout l'été, on peut les observer devant leur terrier, organisant des parties de lutte ou de glissades.

Animal consensuel, d'allure sympathique, la marmotte fut d'abord réintroduite pour l'ambiance ; dans l'espoir aussi que cette proie facile détournerait l'aigle des jeunes isards protégés. Elle a aujourd'hui colonisé une grande partie des Pyrénées.

TROUMOUSE – PIAU-ENGALY

Du col de la Sède, marqué par quelques monolithes dressés à la verticale, la vue s'étend sur le cirque et la vallée de Luz. On rejoint la Hourquette d'Héas par un sentier très escarpé, puis la station de Piau-Engaly, qui s'étend au pied d'une large muraille grise ouverte en arc de cercle. Les architectes de la station ont fait ici un net effort d'intégration au paysage, en essayant de réduire au maximum les nuisances : les façades basses et inclinées sont recouvertes par la neige, les lignes électriques et la gare des télésièges sont enterrées. Une vision presque bucolique, en comparaison de certaines stations aux immeubles perchés en haut de pentes parcourues de poteaux et de câbles.

La garbure

Chou, carottes, poireaux, oignons, ail et échalote, navets, haricots, pommes de terre, lard et jarret de porc, confit de canard, thym et persil : ce plat régional est une sorte de potée dans laquelle on aura jeté ce qu'on a pu trouver, en proportions variables d'une vallée et d'un cuisinier à l'autre. On fait mijoter le tout deux bonnes heures à feu doux. On verse le bouillon sur des tranches de pain que l'on déguste avant de s'attaquer au plat.

Le petit village de Soulan, perché au-dessus de Saint-Lary.

PIAU-ENGALY
REFUGE DE BASTAN

Autour des lacs glaciaires innombrables de la réserve de Néouvielle, les bosquets de pins à crochets ponctuent les étendues de landes et de pelouses parcourues de ruisseaux. Protégé du vent froid et des précipitations par une haute chaîne au nord-ouest, bien exposé au sud, le massif de Néouvielle possède un microclimat qui repousse les limites des plantes d'altitude : à 2 000 mètres, on rencontre pins et sapins, mais aussi bouleaux, sorbiers, trembles, saules et sureaux.

Claire et aérée, la forêt de pins à crochets devient plus clairsemée au fur et à mesure qu'elle prend de l'altitude, jusqu'à n'être plus formée que d'une poignée d'arbres disséminés

Randonnée hivernale au cirque de Piau Engaly.

sur la landine à rhododendrons ou à raisins d'ours au-dessous des crêtes rocheuses. Quelques spécimens aux troncs tordus, semblant étendre leurs branches vers le sol pour se protéger, s'élèvent ici jusqu'à 2 700 mètres.

La forêt de pins à crochets est un endroit idéal pour observer les animaux, car de nombreuses espèces se nourrissent de graines de pin. On pourra y rencontrer le venturon et le pinson des arbres, le bouvreuil, la mésange et le coq de bruyère ; mais l'oiseau le plus caractéristique de ce milieu est le bec-croisé des sapins, qui, grâce à son bec formé de deux mandibules, peut extirper efficacement les pignons de leur coque ; il se laisse assez facilement observer.

Les pommes de pin grignotées par les animaux et laissées au sol ont, selon l'espèce, des physionomies bien différentes, et permettront d'identifier le gourmand venu s'approvisionner : le bec-croisé fend soigneusement chaque écaille pour en extirper la graine ; les rongeurs, campagnol roussâtre ou mulot sylvestre, rongent jusqu'au cœur la pomme de pin et ne laissent qu'un trognon de bois lisse ; l'écureuil arrache les écailles jusqu'à la dernière et abandonne un trognon hérissé de débris.

Pins à crochets sur les rives du lac d'Aumar.

Le coq de bruyère

Grand coq de bruyère. Ph. E. Barbelette, L.P.O.

De tempérament solitaire, les coqs de bruyère se rassemblent chaque année au printemps dans un coin de forêt, par groupe de cinq à trente individus. Là, régnant chacun sur une branche ou une portion de territoire, ils entonnent leur chant nuptial, très caractéristique, et des danses destinées à impressionner leurs adversaires. De temps à autre, ils s'affrontent dans des combats vite résolus, qui leur permettent de conquérir une meilleure place. Au bout de quelques jours, les femelles viennent faire leur choix : elles opteront toujours pour ceux qui ont conquis les meilleurs territoires, et seuls 10 % des mâles auront le loisir de convoler avec elles.

Lorsque le chant nuptial est à son paroxysme, le coq de bruyère atteint un état de transe qui lui fait un instant fermer les yeux et perdre toute notion du danger ; les chasseurs tapis dans les fourrés savent reconnaître le « plop » caractéristique qui conclut le chant et précède cet état ; c'est alors qu'ils peuvent s'approcher et abattre l'animal.

Les lacs jumeaux d'Aumar et d'Aubert, joyaux de la réserve naturelle de Néouvielle.

Du refuge de Bastan à Melles
le Comminges
(Haute-Garonne)

REFUGE DE BASTAN GRANGES D'ASTAU

Azet, Bourisp, Sailhan : trois petits villages bucoliques dont les clochers romans pointent au-dessus des toits se découpent nettement dans la verdure des alentours surmontée des sommets blancs. Sous le porche de l'église de Bourisp, des peintures murales édifiantes évoquent de façon imagée les sept péchés capitaux, représentés par sept dames élégantes chevauchant des monstres et portant en croupe des démons ailés. Une inscription en latin précise la nature de chaque passion : un cheval racé et sa cavalière s'admirant dans un miroir personnifient la vanité ; l'orgueil est juché sur un lion, l'avarice sur un loup ; le cochon symbolise la gourmandise et le bouc, la luxure ; la paresse est montée sur un âne et la colère chevauche un animal fabuleux.

La plupart des églises de la vallée du Louron sont ornées de fresques datant de la fin du Moyen Age : dans le petit village de **Mont** qui domine la vallée, la petite église romane de Saint-Barthélemy recèle sur sa façade des peintures émouvantes, au sein d'un minuscule cimetière où fleurissent des lupins et des pavots d'Italie. On y voit le Christ entouré d'anges au royaume des cieux ; un diable naïf, entouré de flammes, représente le jugement dernier. Dans l'église de **Vieil-Louron**, un arbre de Jessé et le jugement dernier

Page de gauche :
Diable cornu ornant la façade de l'église de Mont, en vallée du Louron.

Eglise de Vieille-Aure.

Fresque de l'oratoire de l'église de Mont.

illustré par des damnés cuisant dans une marmite ou dévorés par un monstre sanguinaire ; sur le mur de l'église d'**Estarvielle**, des soldats romains jouent (avec des cartes catalanes !) la tunique du Christ...

A travers de grandes prairies herbeuses bordées de forêts de sapins noirs, on monte vers le col qui fait la jonction entre la vallée du Lourons et la vallée d'Oô. Du val d'Esquierry, où fleurissent au mois de juin les trolls délicats et les asphodèles, on rejoint les **granges d'Astau**.

En équilibre entre l'eau et la roche, le refuge d'Oô perdu dans les brumes matinales.

GRANGES D'ASTAU
ESPINGO

Le **lac d'Oô** est bien connu des amateurs de pêche à la truite, alignés dès l'aube sur ses rives. Sans les repeuplements, la truite commune, ainsi que bon nombre d'espèces n'existeraient plus dans les lacs et rivières des Pyrénées ; pourtant, les saumons étaient autrefois si abondants dans les gaves, qu'un contrat d'employeur du Moyen Age retrouvé en vallée d'Aspe garantissait que le saumon ne serait pas servi plus de trois fois par semaine aux ouvriers.

D'autres espèces y ont été acclimatées, comme l'omble chevalier, et des « américains » : saumon des fontaines, truite arc-en-ciel, grande truite grise du Canada dans les lacs d'altitude.

Une halte rapide et nous rejoignons à travers la forêt le **refuge d'Espingo**, qui domine le cirque du même nom, et un lac où se reflètent

Le lagopède

Resté bloqué sur les hauteurs après l'époque glaciaire, le lagopède ne supporte pas la chaleur ; il demeure en permanence au-dessus des limites de la forêt. L'hiver, il se creuse un igloo sous la neige ; ses pattes emplumées font office de raquettes, et lui permettent de progresser dans la neige sans difficulté. Le lagopède est un marcheur et son plumage changeant, blanc en hiver, brun en été, lui permet de se fondre dans le paysage ; paradoxalement, il conserve par tous les temps une caroncule rouge au-dessus de l'œil.

Lagopède.

les sommets enneigés. Quelques alpinistes ont passé la nuit ici avant d'affronter les sommets, à moins qu'ils n'aient rejoint, un peu plus loin encore à la frontière espagnole, le **lac du Portillon** enserré par les neiges et les glaces. Un joli sentier pavé monte jusqu'au pied du col ; ensuite, il faut progresser à travers les rochers et la neige aveuglante jusqu'au refuge, au bord du lac gelé cerné par les sommets : pas moins de treize « 3 000 » semblent veiller sur ce monde de neiges et de glaces, paysage puissant et silencieux où la vie semble absente. Et pourtant... les traces du lagopède, qui a laissé reposer ses ailes sur la neige, imprimant une empreinte pareille à des griffes, en sont les premiers signes perceptibles ; en observant les pentes, on remarque des traces pareilles à celles de skieurs fous qui auraient dévalé sans distinction sur la neige et les rochers : ce sont les traces des isards, venus boire au lac ce matin ; là où la neige n'était pas trop épaisse, ils ont dégagé pour brouter de grands pans de pelouse. A présent, ils ont regagné les hauteurs et dorment à l'abri des rochers.

Ici, la période de végétation est brève, et les plantes doivent préparer leur sortie en développant leurs racines sous la neige. Toutes sont solidement armées pour résister au climat : les plantes succulentes sont dotées de cellules aux parois très épaisses, qui résistent aux déformations occasionnées par le gel ; leurs tissus sont pauvres en eau et riches en sel, afin d'abaisser la température

En haut à gauche :
Le lac et le refuge d'Espingo, paradis des pêcheurs de truites.

Le colchique des Pyrénées

A l'automne, juste avant les premières chutes de neige, le colchique des Pyrénées parsème les pâturages fraîchement tondus par les troupeaux de ses délicates fleurs violettes, surmontées de stigmates orangés ; elle ressemble beaucoup au crocus, qui fleurit à la même époque, mais à plus haute altitude.

Premiers engouements pour les sports d'hiver à Superbagnères.
Coll. Musée du Pays de Luchon.

de congélation ; leurs feuilles sont de couleur sombre pour mieux absorber la chaleur. Tapies contre les pierres, plaquées dans les interstices des rochers, le saxifrage et la joubarbe résistent au vent et à l'évaporation. Leur port en espalier permet aussi de se réchauffer au contact du sol et de se cacher sous la neige. Sous l'entrelacs de branches serrées, l'écart de température avec l'extérieur peut atteindre dix degrés. Bactéries, insectes et champignons y trouvent refuge et assurent la pollinisation.

Affiche Belle Epoque vantant les mérites de Luchon ; les congés payés ne sont pas encore d'actualité et les « sports d'hiver » restent l'apanage d'une élite distinguée.
Coll. Musée du Pays de Luchon.

ESPINGO BAGNÈRES-DE-LUCHON

C'est encore grisé de cette escapade sur les hauteurs que nous rejoignons **Bagnères-de-Luchon**. Changement de décor : la « reine des Pyrénées » arbore sa grande avenue bordée de riches façades néoclassiques qui s'ouvre sur les thermes. La ville eut son heure de gloire à l'époque du romantisme, lorsque la bonne société parisienne venait y prendre les eaux. Sur les murs de l'entrée du musée reposent pêle-mêle des célébrités oubliées, des autographes d'artistes, des princes en habit et des écrivains mondains. Les vitrines recèlent une foule de curiosités au charme nostalgique : on y découvre un squelette d'ours impressionnant, des affiches de la Belle Epoque vantant les mérites de Luchon, des photos des premiers skieurs, une chaise à porteur et des luges géantes, l'équipement et les carnets de pyrénéistes fameux, et une salle des animaux empaillés où reposent deux bébés ours découverts par des touristes dans les années 1930. Sous les dépouilles, une note rapporte « qu'on leur offrit généreusement un verre de lait frais pour fêter leur arrivée ». Avant de les empailler.

Berger d'Artigues entouré de ses fidèles border-coolies.

BAGNÈRES-DE-LUCHON CABANE DE SAUNÈRES

Sur les hauteurs du village d'Artigues, entouré de prairies fleuries qui dominent la vallée de Luchon, un berger pose avec ses deux border-coolies : l'aînée, âgée de dix ans, qui sait tenir un troupeau de moutons comme personne et obéit au doigt et à l'œil, doit prendre sa retraite l'année prochaine ; pour l'instant, la plus jeune la suit et l'observe ; elle apprend l'art de maintenir la cohésion du troupeau et d'y ramener les bêtes récalcitrantes.

Traditionnellement, les bergers utilisaient deux chiens : le labri, petit chien vif et énergique, était chargé de mener le troupeau et le patou, grand chien des Pyrénées, assurait sa protection contre les animaux sauvages. Aujourd'hui, les bergers utilisent plus volontiers les border-coolies et ont abandonné le chien de surveillance ; mais dans les régions où l'ours a été réintroduit, le patou a repris du service. C'est le seul chien, avec le dogue tibétain, qui soit capable de mettre en fuite un tel adversaire.

Il est tard et la lumière diffuse qui s'étend sur les pâturages bordés d'arbres rend l'atmosphère douce et cotonneuse. Il fait presque nuit quand nous atteignons la cabane de Saunère. Derrière la cabane s'étendent à perte de vue les crêtes vides d'arbres, recouvertes d'une pelouse sèche où subsistent çà et là, dans les zones d'ombre, des petits névés.

Au-dessus de la cabane de Saunères, le spectacle des crêtes immenses et vides où nul arbuste n'est venu s'égarer donnerait presque le vertige.

À gauche :
Au creux des pâturages, le village d'Artigues.

Du petit banc de pierre qui jouxte le mur, bien à l'abri du vent, nous regardons les dernières lueurs du jour s'éteindre sur la vallée et les pics des alentours.

CABANE DE SAUNÈRES-MELLES

Il ne faut pas se fier à l'aspect tranquille des petits villages de **Fos** et de **Melles**, au seuil de la vallée qui s'ouvre sur le pic du Crabère ; ici se joue une histoire compliquée, aux enjeux qui dépassent leur seul territoire : la réintroduction de l'ours dans les Pyrénées françaises. D'emblée, les tensions apparaissent : à l'entrée du village de Melles, la pancarte annonçant l'entrée au « pays de l'ours » est rayée d'une croix vindicative ; sur le mur de la mairie, une affiche signée du maire, intitulée « la réponse de Melba », ourse tuée accidentellement en 1997, la représente toute langue dehors, figure sympathique propre à faire culpabiliser ses détracteurs. Ici, on est forcément pour ou contre l'ours : le débat est rude et cristallise des affrontements plus larges, entre les pouvoirs publics et les associations soucieuses de sauvegarde de l'environnement mais aussi d'affluence touristique, et les éleveurs et chasseurs désireux de conserver leurs prérogatives sur la région.

Patrick Beauchet : l'auberge du Crabère

Assis devant son auberge, en tablier de cuisine, Patrick Beauchet prend tranquillement le soleil en devisant avec ses voisins ; derrière lui, le tour de la porte est couvert des recommandations de guides touristiques et gastronomiques. S'excusant un instant il rejoint sa cuisine, pour réapparaître l'œil gourmand et les bras chargés de pâtisseries qu'il dispose savamment sur une desserte : tartes aux myrtilles et aux pêches sauvages, tourtes et beignets aux fleurs de sureau noir… Il aime cueillir lui-même les plantes qui apportent leur identité à ses plats du terroir : velouté de châtaignes, soupe d'orties, coq de bruyère du braconnier, truites farcies aux herbes sauvages, cuissots de chevreuil au pimpiolet… un voyage sensoriel à travers le Comminges, la Barousse, le pays de Luchon et le val d'Aran, où l'on pourra déguster les vraies saveurs de la montagne. C'est aussi dans son restaurant que se réunissent les défenseurs de l'ours.

Patrick Beauchet, alchimiste des saveurs de la montagne.

L'ours des Pyrénées

L'ours vivait autrefois dans les forêts des plaines, mais le territoire annuel d'une femelle est de 60 à 120 kilomètres carrés ; celui d'un mâle, de 300, et jusqu'à 1 000 au printemps : c'est pour échapper à l'homme et trouver la tranquillité qu'il s'est réfugié dans la montagne et est devenu semi-nocturne.

Un ours mâle pèse entre 120 et 200 kilos pour 1,80 mètre ; une femelle entre 80 et 120 kilos pour 1,60 mètre. L'ours européen est végétarien à 70 % : il se nourrit avant tout d'herbe, de fougères, de jeunes pousses, de châtaignes, de glands et de fruits. Il aime aussi les fourmis et les larves d'abeilles qu'il vient chercher dans les ruchers ; les brebis qui ne sont pas protégées par un chien solide constituent pour lui des proies faciles et moins fatigantes que les animaux sauvages ; il ne dédaigne pas non plus les carcasses abandonnées et le petit gibier ; en revanche, il est mauvais pêcheur.

Avant la mi-décembre, il se choisit une tanière pour hiverner ; doté de bonnes réserves de graisse, il ne la quittera que rarement avant le début du printemps.

L'accouplement des ours a lieu fin mai, début juin, mais l'embryon ne se développe qu'à partir du mois de novembre, et seulement si la mère dispose de réserves suffisantes. Le petit, aveugle et nu, pesant moins de 400 grammes, naît au mois de février. Il reste avec sa mère près d'un an et demi, et atteindra sa maturité sexuelle à l'âge de cinq ans.

Dresseurs d'ours des hautes vallées de l'Ariège.
Coll. Christian Le Corre.

Dresseurs d'ours des hautes vallées de l'Ariège.
Coll. Ch. Le Corre.

Des ours et des hommes

Autrefois appelé « le Moussu » (monsieur), « le Va-nu-pieds » ou encore « le diable », l'ours a toujours provoqué des sentiments ambivalents chez les hommes des Pyrénées : on le chassait pour se défendre et par tradition, mais on le fêtait aussi, dans des cérémonies qui ressemblaient à des exorcismes, pour chasser la peur et aussi pour endosser la virilité et la force de l'animal. Au mois de février, juste avant le réveil de l'animal et du printemps, les hommes se déguisaient avec (...)

(...) des peaux d'ours, ce « double » sauvage, semblant presque humain, à la fois haï et révéré, qui représentait l'inconnu et la sauvagerie toute proche.
Au début du XXe siècle, il restait plus de deux cents ours dans les Pyrénées, mais leur survivance paraissait rétrograde à l'homme moderne, soucieux d'éliminer les nuisibles et de contrôler l'ensemble du territoire ; on intensifia la chasse en pratiquant de grandes battues. Aujourd'hui, la population est à la limite de l'extinction, sur des territoires morcelés et traversés de routes et de pistes ; la chance des ours de pouvoir se rencontrer pour se reproduire est devenue trop aléatoire. On pense, en se basant sur l'exemple italien, que pour être viable sans causer trop de dommages, la population d'ours dans les Pyrénées devrait atteindre une centaine d'individus ; ils sont onze à l'heure actuelle.

Chasseurs exhibant fièrement la dépouille d'un plantigrade ; au début du siècle, il était de bon ton de faire poser le gibier abattu de façon « réaliste ». Coll. Monique Sclaresky.

Le programme de réintroduction de l'ours fait aujourd'hui l'objet d'un large effort de communication auprès du grand public.
Affiche, mairie de Melles.

La réintroduction des ours de Slovénie

Les ours des Pyrénées ne constituent pas à eux seuls une population viable ; c'est pourquoi il a été décidé l'introduction dans les Pyrénées de trois ours de Slovénie, dont deux femelles pleines, Melba et Ziva. Une rumeur veut que ces ours soient plus carnivores que leurs congénères pyrénéens : en réalité, ils sont très proches du point de vue génétique, et évoluaient en Slovénie dans un environnement similaire ; avant tout, ils occasionnent des dégâts lorsque les troupeaux ne sont pas protégés : ainsi l'ourse Camille, très calme en Béarn où le patou a repris du service, est devenue plus prédatrice en Navarre. L'expérience, on s'en doute, soulève de nombreux débats sur le bien-fondé d'une telle démarche, y compris au sein des plus fervents défenseurs de la nature.
Six personnes, dont la moitié appartient aux fédérations de chasse, suivent le projet à plein temps. Le programme de réintroduction a pris en compte la subvention des chiens de défense comme les patous, et l'indemnisation des bergers aux troupeaux décimés. Une somme est attribuée pour chaque brebis blessée ou tuée par l'ours, accompagnée d'une prime pour compenser les désagréments, car plusieurs jours sont souvent nécessaires pour rassembler le troupeau dispersé par l'affolement. La plupart des bergers estiment que ces primes ne couvrent pas les dommages occasionnés, et prétendent notamment qu'un troupeau ainsi effrayé donne beaucoup moins de lait pendant plusieurs semaines.
En 1997, Melba a été tuée d'une balle de sanglier, laissant ses petits seuls dans la montagne ; l'expertise balistique a innocenté le chasseur en montrant qu'il avait bien tiré de près, sous le coup de la peur.
Après beaucoup d'hésitations, les oursons de Melba ont été laissés dans la nature ; on a disposé çà et là un peu de nourriture, pour les aider à affronter l'hiver. Et moins de deux mois plus tard, on observa avec surprise que Ziva, la seconde ourse slovène, les avait adoptés.

De Melles à Mérens-les-Vals
l'Ariège

MELLES
REFUGE DE L'ÉTANG D'ARAING

A la sortie du village de Melles, les premières granges caractéristiques de l'Ariège, aux toits très pentus, recouverts de lauzes ou d'ardoises, épousent le dénivelé, amenant le grenier au niveau du chemin, tandis qu'on atteint le rez-de-chaussée au bas de la pente, côté jardin.

Au-dessus des granges, la forêt touffue de chênes, de hêtres et de sapins s'ouvre sur la lande parsemée de myrtilles et de rhododen-

Page de gauche :
Berger ariégeois venu mener son troupeau à l'estive sous le col des Calmettes.

Les granges ariégeoises, au toit à double pente très accusée, servaient autrefois d'étable et de grenier à foin ; aujourd'hui, bon nombre d'entre elles sont laissées à l'abandon.

Les granges construites sur les hauteurs, en amont des villages, étaient autrefois habitées durant toute la période d'estive.

Les baies comestibles

L'ÉGLANTIER

On récolte ses fruits après les premières gelées, lorsque le froid les a rendus plus tendres. Passés au moulin à légumes pour extraire la pulpe des poils urticants qui l'entourent, ils donneront d'excellentes soupes, compotes, « sauces tomate » et confitures. On obtient une délicieuse pâte à tartiner, très riche en vitamine C, en mélangeant une compote de fruits crus avec du miel.

LE SORBIER DES OISELEURS

On disait autrefois qu'abattre un sorbier portait malheur, car il passait pour éloigner les sorcières et les esprits maléfiques. Le sorbier aime les sols pauvres et rocailleux. Son bois, à la fois souple et robuste, se prête bien à la sculpture et ses baies, riches en vitamine C, peuvent tout comme le cynorhodon, fruit de l'églantier, être consommés en compotes ou en gelées.

LE CORNOUILLER MÂLE

Ses fruits luisants et rouges foncés, au goût de cerise et de framboise, mûrissent à la fin de l'été. Les fruits immatures étaient autrefois conservés dans la saumure et consommés comme des olives vertes ; cuits, ils font d'excellentes compotes et confitures.

LA MYRTILLE

Présente sur toute la chaîne des Pyrénées, la myrtille se plaît aux bois comme sur la lande. Ses baies qui mûrissent au mois d'août sont excellentes pour la santé et bon nombre d'animaux s'en régalent : elles contiennent des vitamines en grand nombre, des acides organiques et des minéraux. La myrtille possède aussi des propriétés désinfectantes.

L'AIRELLE DES MARAIS *ressemble fort à la myrtille ; ses fruits sont un peu plus gros, mais plus fades.*

Tourbière d'altitude en contrebas du pic du Crabère.

Montée vers le refuge de l'étang d'Araing.

drons aux fleurs éclatantes, surmontée de sorbiers cotonneux qui à l'automne, cachent parmi leur feuillage flamboyant leurs fruits rouges très appréciés des oiseaux.

Plus haut encore, on progresse sur le tapis souple et élastique d'une tourbière d'altitude ; les ruisseaux qui courent sur la prairie, où vivent les grenouilles, sont rouges du fer qui s'écoule de la montagne ; ici, la terre et l'eau se disputent une bataille sans merci pour la conquête de l'espace.

Au détour d'une croupe herbeuse, on découvre le **pic du Crabère** ; à ses pieds, les frais clapotis de l'étang d'Araing font presque oublier la sécheresse du vent dont nul obstacle ne vient arrêter la course.

Les crêtes arasées par le vent du sommet du Crabère (2 629 mètres).

Granges du village d'Uchentein, en vallée de Biros.

Le toit relevé aux extrémités des maisons ariégeoises permet d'éviter les brutales chutes de neige.

ETANG D'ARAING
EYLIE

A **Eylie**, les vestiges d'une ancienne usine qui concentrait les minerais tirés des grandes mines de la région font froid dans le dos : ville fantôme abandonnée, avec ses logements de fonction et ses hangars immenses et vides. Les nombreux gisements miniers pyrénéens apparurent longtemps comme un eldorado : en 1600, un enquêteur parle « d'Indes françaises », qui recèlent des quantités de diamants et de pierres précieuses ; on compara même la région au Potosi. En réalité, les gisements s'avérèrent nombreux mais étroits et très disséminés, parfois difficiles d'accès. On trouvait de l'or, du cuivre et du plomb, mais l'essentiel de l'exploitation se concentra sur le fer.

La mine du Bulard a conservé les bureaux, les ateliers et les dortoirs désertés depuis 1919. On y extrayait l'argent, le plomb et le zinc. Les techniques d'exploitation étaient rudimentaires : on ne creusait pas de puits, mais des galeries qui s'avançaient au cœur de la montagne, au gré des besoins. Les mineurs transportaient le minerai sur un étroit sentier d'altitude, jusqu'au téléphérique qui descendait à Eylie.

La métallurgie des Pyrénées déclina à la fin du XIXe siècle ; dès que les gisements superficiels étaient épuisés, les galeries étaient abandonnées aux éboulements et aux inondations, rendant les filons plus profonds inexploitables. La difficulté à trouver de nouveaux gisements rentables et la baisse des débouchés locaux condamnèrent peu à peu cette activité.

EYLIE CABANE DE TRAPECH DU MILIEU

La **vallée de Biros** suit le court encaissé du Lez : partout le long du large ruisseau bouillonnant s'alignent les granges traditionnelles bordées de murets de pierre, pour la plupart abandonnées. Les hautes vallées de l'Ariège, d'accès difficile, offraient aux habitants une vie âpre et durement gagnée. Terres et pâturages ne suffisaient pas à nourrir la population, et pour alléger les montagnes surpeuplées, il était courant que les cadets et les cadettes partent quelques mois chaque année travailler dans la plaine durant l'hiver. Les hommes pratiquaient plus volontiers l'artisanat, les femmes, le colportage. Parfois, elles vendaient à leur compte des articles fabriqués au village : lainages, dentelles ou linge de maison, ou bien elles se procuraient des articles dans une boutique du piémont. Les colporteuses voyageaient parfois très loin, jusqu'en en Normandie, en Italie ou en Espagne. Les plus chanceux réussissaient à amasser un pécule et construire à leur tour une maison ; les autres se contentaient d'apporter leur contribution à la maison familiale, s'offrant par ce biais une certaine autonomie.

Malgré tout, l'équilibre demeurait précaire ; une série de disettes, suivies d'une épidémie de choléra en 1854, amplifia les migrations saisonnières et surtout les départs définitifs vers Bordeaux, Toulouse, l'Algérie ou la Californie. En un siècle, les villages reculés des hautes vallées de l'Ariège se vidèrent d'une bonne partie de leurs habitants.

Chaque jour de la semaine, Maurice Junca promène sa marchandise de village en village.

Maurice Junca, épicier ambulant

Avec leurs petits camions chargés de victuailles, Maurice Junca et sa femme couvrent trente-six communes des vallées de Biros, Bethmale, Ballongue et Balagué. A eux deux, ils assurent le ravitaillement de bon nombre de hameaux, avec le boulanger et le boucher qui passent deux fois par semaine. Le dimanche, les deux époux se réunissent pour faire les comptes et les commandes. Dans les camionnettes, des fruits et légumes frais, des conserves, des biscuits et les commandes spéciales ; ils se chargent même de procurer, en échange d'un chèque, de l'argent liquide ; une aubaine pour les anciens qui n'ont aucun moyen de déplacement, dans ces villages isolés où tous les commerces ont fermé leurs portes.

Marchand de lait d'ânesse ; compagnon indispensable du montagnard d'autrefois, l'âne se fait aujourd'hui rare dans les Pyrénées ; à Castelnau Durban, Olivier Campardon perpétue la tradition en proposant du lait d'ânesse et de délicats savons.
Coll. Christian Le Corre.

Portes et fenêtres du village de Lapège.

Pascal Jubot, sabotier à Aret.

village de Samortein, en vallée de Bethmale, par une mauvaise journée d'hiver.

Villageois en costumes traditionnels de la vallée de Bethmale.
Coll. Christian Le Corre.

CABANE DE TRAPECH DU MILIEU – COL D'AUDÉOLE

La **vallée de Bethmale** devait autrefois sa renommée à la beauté des costumes chamarrés de ses habitants. Selon la tradition, un jeune Bethmalais parti en Grèce y fit fortune ; il ramena avec lui un harem de douze femmes et des coffres chargés de richesses, et mit les habits orientaux à la mode.

Le sabot bethmalais, terminé par une longue pointe, était porté par les jeunes mariés ; une légende explique son origine : au IXe siècle, une troupe de Maures organisa un raid sur la vallée de Bethmale ; Boabdil, le fils du chef, s'éprit d'Esclarlys, la plus jolie fille du val, qui était déjà fiancée à un berger chasseur d'isards. Retranché dans la montagne avec ses amis, celui-ci organisa la vengeance. Il déracina deux beaux noyers et y creusa une paire de sabots en forme de croissants de lune, avec une longue pointe effilée. Un soir, les bergers sortirent des bois et attaquèrent les Maures installés dans le village. Pas un ne survécut. Victorieux, l'amoureux éconduit défila dans les rues ; il avait accroché sur ses sabots à longue pointe, à gauche, le cœur de sa fiancée infidèle et, à droite, celui de Boabdil.

Depuis ce temps, le soir de Noël, chaque fiancé offrait à sa promise une paire de sabots à longues pointes décorés de clous dorés formant un cœur. On disait que « plus la pointe des sabots était longue, plus l'amour était ardent »...

A Aret, un sabotier perpétue la tradition ; on peut visiter son atelier et sa petite boutique.

COL D'AUDÉOLE CABANE D'AULA

La glace et les eaux tumultueuses des torrents de la réserve nationale du **Mont Valier** ont partout sculpté le paysage, et les profondes vallées forestières alternent avec des cirques glaciaires aux crêtes acérées. Par le sentier difficile qui mène au port d'Aula, plus de trente mille personnes ont gagné l'Espagne pendant la Seconde Guerre mondiale ; un millier de passeurs y risquèrent leur vie, dont la moitié périt : accidents mortels en montagne, tués en mission, déportés ou fusillés...

Par les sous-bois, on suit la rivière d'Estour jusqu'à un petit cirque

Les « mangeuses d'hommes »

Les anciens racontent qu'autrefois, certains soirs, les jeunes filles se promenaient autour des villages par groupes d'une dizaine ; si elles trouvaient, dans un endroit solitaire, un jeune étranger égaré, elles se précipitaient sur lui pour le violer, avant de le relâcher sans autre forme de procès ; la chose était toujours maintenue secrète.

Les crêtes du mont Valier, seigneur de l'Ariège.

bucolique où tombent quelques cascades ; sur le chemin, vesses, fraises des bois, pavot, bouillon blanc, herbe à Robert, angélique et ellébore : l'endroit est propice à la recherche des plantes médicinales, dont les arômes et les vertus sont décuplés en montagne. Quelques chevaux de Mérens paissent sereinement près des bosquets de rhododendrons ; au-dessus, sur un petit névé, j'aperçois quelques isards qui disparaissent en quelques sauts dans le pierrier, où leur robe brune

Mer de nuages sur le sommet du Valier.

Les pentes bucoliques du petit cirque d'Artigues, en aval de la cabane d'Aula.

Montreur d'ours de la vallée du Garbet.
Coll. Christian Le Corre.

se confond avec la roche. On a peine à imaginer, dans ce petit paradis, des familles aux aguets, fuyant les soldats pour rejoindre la frontière.

CABANE D'AULA SAINT-LIZIER-D'USTOU

C'est dans ces forêts reculées de la haute Ariège que les « oussaillés » ou montreurs d'ours de la vallée du Garbet capturaient les oursons destinés au dressage. Petits, ils étaient gardés à la maison comme des animaux domestiques ; puis on les envoyait à Ercé, où une école des ours était destinée à former les animaux. Le dressage durait un peu plus d'un an ; un ours plus âgé montrait les tours à reproduire, et l'ours sortait de l'école avec un authentique diplôme.

Il savait imiter quelques mimiques humaines et simuler un combat ; pour lui apprendre à danser au son du tambourin, on l'obligeait à se tenir sur une plaque brûlante qui le forçait à lever une patte, puis l'autre ; au bout de quelques semaines le son du tambourin déclenchait immanquablement chez l'ours ce mouvement de balancier. On lui avait percé la mâchoire au fer rouge pour y passer un anneau. Certains dresseurs organisaient des combats avec des chiens. Ils passaient de village en village pour montrer leurs gestes, parcourant toute la France, parfois l'Europe, s'embarquant même pour l'Amérique. Les oussaillés étaient des personnages respectés et on leur attribuait parfois des pouvoirs de guérisseurs et de

La petite pimprenelle

La petite pimprenelle étend ses feuilles dentelées sur les sols secs et rocailleux ; on l'utilise comme le persil, dans les plats et les salades. Son goût légèrement astringent rappelle celui de la noix verte.

magiciens. Il faisait marcher l'ours autour des poulaillers pour effrayer les prédateurs ; on racontait qu'un enfant qui faisait neuf pas sur l'animal était à jamais affranchi de la peur.

SAINT-LIZIER-D'USTOU AULUS-LES-BAINS

A **Aulus-les-Bains**, le long des allées qui rejoignent les thermes, les luxueux hôtels qui recevaient autrefois les curistes ont fermé leurs portes. On aperçoit, en jetant un œil aux fenêtres, le mobilier des chambres qui paraissent s'être vidées subitement de leurs occupants ; au « Grand Hôtel », un drap jauni par le soleil est resté étendu à la fenêtre ; deux lampadaires devenus inutiles encadrent l'escalier. A l'arrière, les écuries et les boxes sont vides, et personne ne vient plus s'asseoir aux tables de jardin : la grande époque du

Clair-obscur de la hêtraie dans la réserve du mont Valier.

La station thermale d'Aulus-les-Bains.

Sylvie Humbert, « Au rucher du Montcalm »

La cuisine de Sylvie Humbert, au cœur du petit village de Marc, fleure bon la gourmandise et la bonne humeur. Dès qu'on en franchit le seuil, on est enveloppé par l'odeur des crêpes et des fournées de pains d'épice qu'elle prépare pour le goûter : chaque après-midi, elle accueille des promeneurs, des écoliers ou une colonie de vacances. Dans son petit écomusée trône une ruche vitrée qui communique avec l'extérieur. On peut tout y apprendre sur l'abeille, et déguster du miel, du nougat et du pain d'épice à la cannelle ou à l'anis vert, parfois à l'orange amère.
Un gros ours en bois venu d'Allemagne garde l'entrée de la miellerie ; autrefois, ce genre d'ours était utilisé à l'entrée des ruchers pour effrayer les prédateurs. Avec sa bonne centaine de ruches, Sylvie produit notamment du miel d'acacia, de rhododendron, de bruyère et de châtaignier. L'été, elle se rend au marché une fois par semaine, à Vicdessos. Sylvie garde précieusement pour elle la recette de son nougat noir patiemment élaboré, fruit de ses dix années d'expérience.

Sylvie Humbert, apicultrice à Marc, vallée de Vicdessos.

Chénopode blanc.
Ph. Christian Délu.

Orties, oseilles des Alpes et chénopodes

Trois plantes très abondantes dans les sous-bois humides et au bord des chemins montagnards, comestibles, pleines de vertus et délicieuses : on consomme les jeunes pousses d'oseille, aux larges feuilles ovales, et d'ortie, en salade ou en soupe. Le chénopode Bon Henri, spécifiquement montagnard, et le chénopode blanc, aux longues feuilles triangulaires prolongées d'une grappe de fleurs verdâtres, sont aussi appelés « épinards sauvages », et se cuisinent comme celui-ci.

Le rideau irisé de la cascade d'Ars, au-dessus d'Aulus-les-Bains.

thermalisme est aujourd'hui révolue. Autour des thermes, quelques bâtiments modernes bordés de restaurants accueillent les curistes et les promeneurs d'aujourd'hui.

Ce soir du 23 mai, à Aulus, on fête la Saint-Jean, dernière survivance des fêtes païennes célébrées de temps immémoriaux ; rassemblées autour du bûcher, les familles du village contemplent les flammes ; bien que la fête soit devenue plus sobre, l'événement garde la même magie depuis des siècles. Autrefois, le feu de la Saint-Jean avait valeur de purification et marquait l'arrivée de l'été ; souvent, on y glissait quelques couleuvres qui s'échappaient aux premières flammes et causaient des peurs délicieuses aux enfants ;

parfois aussi, on attachait des serpents au grand mât et ils se tordaient au-dessus des flammes avant de retomber, vaincus ; une fois les bûches consumées, on sautait au-dessus du brasier pour montrer sa bravoure. Le soir de la Saint-Jean, tout ou presque était permis...

AULUS-LES-BAINS
REFUGE DE BASSIÈS

Après Aulus, le sentier forestier qui mène sur les hauteurs suit le torrent bleuté qui court entre les rochers ; de petits arbres délicats émergent du chaos, et leur équilibre fragile a la légèreté d'une estampe japonaise ; à la sortie du sous-bois, le jet immense et tumultueux de la **cascade d'Ars** se dévoile soudainement, s'ouvrant à mi-parcours en un rideau irisé qui capture la lumière en une pluie d'arcs-en-ciel.

REFUGE DE BASSIÈS
REFUGE DE PRUNADIÈRE

Le chemin décrit de longues boucles à travers les pâturages d'une beauté aride, dont l'herbe parsemée de rocailles épouse les reliefs tranchants. De la plaine de Roc Nègre, on domine le cirque de Bassiès où les étangs bleu marine brillent d'un éclat profond.

Au début du XIXe siècle, des chasseurs de la vallée du Vicdessos aperçurent à plusieurs reprises une femme qui errait nue dans la montagne. On organisa une battue et la jeune femme fut capturée. Le soir même, elle s'échappa et disparut pendant six mois. Des bergers l'apercevaient quelquefois ; ils lui apportaient de la nourriture, mais ne parlant que l'occitan, ils ne comprenaient pas ce qu'elle disait.

La rumeur fit bientôt d'elle une sorcière et une voleuse de poules, et elle fut de nouveau arrêtée à l'issue d'une grande battue. On parvint à reconstituer quelques bribes de son histoire : aristocrate fuyant la Révolution, elle était partie pour l'Espagne avec son mari ; attaqués par des bandits, son mari fut tué et elle se réfugia sur les hauteurs. Lorsqu'on lui demanda comment elle avait survécu à l'hiver, elle répondit : « Les ours étaient mes amis, ils me réchauffaient. » On l'envoya à l'hospice de Saint-Lizier, où elle mourut rapidement.

Autrefois, la plus grande partie de la famille partait chaque été « faire l'orri » sur l'estive ; aujourd'hui, on s'accommoderait sans doute difficilement, six mois durant, du confort spartiate de ces minuscules abris de pierres sèches.

REFUGE DE PRUNADIÈRE GOULIER

Toutes rondes, faites de pierres sèches recouvertes de mousses, les orris semblent conçues pour l'usage de quelque lutin des landes. Dans ces anciennes cabanes de bergers propres à l'Ariège et à la Cerdagne, la pièce d'habitation au confort spartiate est flanquée d'une cave à fromage à demi enterrée et de l'enclos

Quand la nature reprend ses droits

En un siècle, le rapport des hommes avec la montagne a été totalement bouleversé. Autrefois, la moindre parcelle accessible était utilisée, mais l'exode rural et l'abandon des exploitations ont engendré une reprise des zones naturelles et particulièrement des forêts. On imagine donc avec plaisir le retour d'une montagne à la beauté sauvage, reconquise par la nature ; l'affaire n'est pas si simple. Cela fait 12 000 ans que la montagne est habitée et façonnée par les hommes. Déjà, les Magdaléniens pratiquaient le désherbage sélectif. Si on imagine une montagne sans hommes, on obtient une succession de landes et de forêts très hautes, qui seraient vraisemblablement parvenues à un stade climacique, c'est-à-dire que chaque espèce jouerait son rôle au sein d'un équilibre dépourvu d'éléments déstabilisants.

Depuis l'époque néolithique, l'homme n'a cessé d'apporter des transformations au paysage montagnard et d'influencer son développement ; il a accentué l'érosion en coupant les arbres et en creusant des chemins ; il a introduit de nouvelles espèces et en a détruit d'autres, notamment les grands mammifères qui jouaient dans les équilibres forestiers un rôle essentiel.

Aujourd'hui laissé à lui même, le milieu montagnard risque de retrouver difficilement son équilibre : champs et pâturages se muent en friches et broussailles ; la forêt ne parvient pas toujours à se régénérer et s'étouffe d'elle-même ; certaines espèces dégénèrent et d'autres s'installent de façon abusive : le buddleia ou arbre à papillons, arbuste échappé des jardins, s'octroie les niches écologiques du sureau qui par ses fruits nourrissait de nombreux oiseaux…

On cherche donc aujourd'hui à « conduire » le milieu naturel, et particulièrement la forêt, vers l'autonomie. La mission n'est pas aisée : il faut trouver un juste équilibre dans l'intervention, et certaines actions nécessitent un travail de longue haleine : il faut une vingtaine d'années à une prairie d'altitude pour retrouver un stade climacique.

S'il a de tout temps marqué son empreinte sur le paysage, l'homme vivait autrefois en symbiose avec la montagne ; il était dépendant de ce milieu et ses actions, bonnes ou mauvaises, étaient circonscrites au sein d'un équilibre millénaire.

à brebis. Ces abris étaient autrefois fréquentés de juin à septembre par les familles qui venaient « faire l'orri » avec les troupeaux ; plus tard, on envoya les jeunes et les anciens, puis des bergers solitaires.

Plus haut, les alentours du **lac d'Izourt** sont défigurés par les installations bétonnées du barrage hydroélectrique construit en 1940.

Le **port de Bouet** fut un lieu de transit important, lié aux traités de « lies et passeries » qui assuraient aux habitants des vallées la libre circulation des marchandises, des bergers et de leurs troupeaux. Jusqu'au XVIIIe siècle, les consuls de Valferrer venaient chaque année prêter serment à Vicdessos, le 24 juin, par le port de Bouet. Contre les minerais du Rancié, les Catalans fournissaient du charbon de bois, des laines fines, du sel et des épices.

GOULIER - GESTIÈS

La mine du Rancié, qui était la plus importante de la chaîne, appartenait à la vallée et était collective : les habitants des villages les plus proches (Sem, Olbier et Goulier) extrayaient le minerai ; les autres paroisses se chargeaient du transport et du commerce. Chacun travaillait pour son compte, avec un quota journalier à ne pas dépasser et un prix fixé par la communauté.

Les mines du Rancié ravitaillaient une cinquantaine de forges « à la catalane » : celles-ci étaient en général placées à proximité des gisements, mais requéraient avant tout un cours d'eau pour actionner les soufflets, et le voisinage d'une forêt, car leurs besoins en bois étaient considérables. La plupart des établissements étaient de dimensions modestes, fabriquant des produits à destination locale : clous, outils agricoles ou cloches à vaches. Le procédé était simple : il consistait à faire fusionner directement le métal dans un large creuset, puis à le frapper à l'aide de marteaux fixés sur un moulin hydraulique, afin de le débarrasser des impuretés.

La concurrence des hauts-fourneaux, la baisse du marché local mais surtout le manque de bois sonnèrent le glas de cette activité : une fois la forêt proche tarie, la forge était condamnée à fermer. A la fin du XIXe siècle, les forêts pyrénéennes n'étaient plus que l'ombre d'elles-mêmes.

Orris de la vallée de Soucelm.

\ujourd'hui, il tend à s'extraire de ce milieu,
u cherche à le dominer, et des problèmes
ouveaux se posent de par la fréquentation
t « l'utilisation » de la montagne, parfois
rès agressives : les constructions de routes
ngendrent l'érosion, premier ennemi du milieu
nontagnard ; les stations d'altitude massacrent
e paysage et font fuir la faune, dont les
erritoires se réduisent comme une peau de
hagrin ; les aménagements hydroélectriques
nt parfois bouleversé l'équilibre naturel
n modifiant le débit des rivières ;
a surfréquentation de certains sites en été et
n période de chasse engendre une pollution non
régligeable et risque à terme de transformer la
nontagne en immense terrain de jeu organisé...
Gérer sans dénaturer, favoriser la découverte mais
protéger un monde sauvage : autant de questions
lifficiles dans un milieu en pleine évolution.

Orris de la vallée de Soucelm.

La paisible cité de Tarascon-sur-Ariège.

En haut à droite : ***Panneau de bisons, grotte de Niaux.*** Ph. Clottes.

Sculpture en relief sur bois de cerf. Ph. Soc. des grottes préhistoriques de Haute-Ariège

GESTIÈS REFUGE DU RHULE

Du haut du **Rocher de Miglos**, on domine tout le Vicdessos et la haute vallée de l'Ariège ; landes et pâturages s'étendent à perte de vue, parsemés de genêts, de rhododendrons et de framboisiers sauvages.

Si les Pyrénées sont habitées depuis la préhistoire, c'est que le climat y demeura relativement clément, et le gibier, abondant. Près de Tarascon-sur-Ariège, les grottes de **Niaux**, de **Lombrives** et de **la Vache** comptent parmi les plus importantes découvertes concernant le mode de vie des Magdaléniens. Chasseurs cueilleurs, ils se déplaçaient au fil des saisons pour trouver leur nourriture ; la grotte de la Vache abrite plusieurs dizaines d'anciens foyers d'où fut exhumé un nombre impressionnant d'ossements d'animaux et d'objets quotidiens, préservés depuis 13 000 ans.

Jérémie Troïetto et sa curieuse machine à écouter les ours.

Jérémie Troïetto, l'homme qui suit les ours

Jérémie lève au-dessus de lui l'antenne de son engin de repérage et n'entend rien. Il reporte soigneusement ses observations sur la carte, et observe la configuration du relief : « La matinée est bien avancée, il ne bouge plus ; pour moi, il est juste en dessous, à 500 mètres, "entûté" derrière un rocher ; le talus empêche la perception. »

Armé de son curieux appareil, Jérémie suit l'ours Boutxy, quatre ans, fils de Melba et rescapé d'une aventure évoquée plus haut. Boutxy est le seul ours équipé d'un émetteur, fixé dans son abdomen et repérable à 5 kilomètres. En une nuit, il peut en parcourir une trentaine. Le jour, il roupille tranquillement dans une « tûte » (un creux de rocher), ou à même le sol. L'hiver, il utilise une tanière, qui change d'une année sur l'autre.

Jérémie Troïetto appartient à la fédération de chasse des Hautes-Pyrénées, qui participe au programme de réintroduction de l'ours. Il a pour mission de ne jamais perdre Boutxy de vue et d'accumuler les observations scientifiques ; il note tout ce qui permet de comprendre les déplacements et les installations de l'animal ; heure, température, humidité de l'air, éloignement ou proximité des lieux habités et des sentiers...

Jérémie sait que deux ours fréquentent actuellement le secteur : deux mâles. Les ours sont si peu nombreux qu'il n'y aura pas de naissance cette année : mâles et femelles ne se sont pas rencontrés.

Jérémie doit parfois patienter des heures, dormir dans la voiture, se réveiller en pleine nuit pour reprendre la route et, lorsque l'ours se lance dans de grandes escapades et parcourt dans la nuit plusieurs dizaines de kilomètres, affréter un avion pour le repérer de nouveau. Avec ses deux collègues, il monte aussi la garde quand l'ours s'approche trop d'un troupeau, mais jamais de trop près : l'animal ne doit pas s'accoutumer à la présence humaine ; au contraire, il doit pour survivre apprendre à s'en méfier.

En montant le col des Calmettes.

Non loin de là, les grottes de Niaux formaient un véritable sanctuaire dont le Salon noir est la salle principale ; on peut y admirer une centaine de dessins d'animaux, cerfs, bouquetins, chevaux et bisons, œuvres d'artistes parvenus à une grande maîtrise de leur style.

Vers 5 000 ans avant notre ère, l'homme néolithique commence à défricher la forêt, pour augmenter les pâturages naturels et en créer de nouveaux. Bientôt, il quitte les grottes et la vie nomade pour mettre en place les premières cultures autour de villages sédentaires dans les basses vallées.

REFUGE DU RHULE MÉRENS-LES-VALS

Enjambant les rocailles abruptes parsemées de rhododendrons qui dominent le refuge du Rhule, un

Le refuge du Rhule, en haute vallée d'Aston.

Le col des Calmettes, chaos de roches aveuglantes où émergent çà et là quelques rhododendrons.

pêcheur à la truite s'en va au lac Bleu taquiner le poisson ; bien abrité sous sa casquette, le pied sûr, il porte dans sa besace le matériel, une bouteille de bière et un morceau de pain ; il n'a besoin de rien : il a pris un solide repas au refuge. Ce soir, il dormira près du lac, « sous un rocher, comme un vieux renard ». La lumière dure accentue

Hermine en pelage de transition.

Hermines et belettes, martres et fouines

Ces quatre petits carnassiers sont assez ressemblants et souvent confondus :
L'hermine, comme la belette, aime les terrains secs et les pierriers ; elle est peu farouche et on a des chances de la croiser autour des refuges, à la recherche de nourriture ; son pelage est brun clair l'été, blanc l'hiver ; Le pinceau noir qui termine sa queue la distingue de la belette. Celle-ci est plus petite que l'hermine et d'aspect plus reptilien ; elle se laisse moins facilement approcher.
La martre vit dans les forêts d'altitude ; carnivore, elle peut s'attaquer à des animaux beaucoup plus gros qu'elle, coq de bruyère ou jeune chevreuil ; elle aime aussi les fruits et le miel. La fouine, qui lui ressemble beaucoup, vit un peu plus bas et se réfugie volontiers près des maisons ; la principale différence physique entre les deux espèces est la truffe : rose pour la fouine, noire pour la martre.
L'hermine est une espèce protégée ; la fouine et la belette sont déclarées comme « nuisibles », une aberration puisqu'on connaît aujourd'hui parfaitement leur rôle primordial de régulateur au sein de l'écosystème.

Le lac Bleu, de la vallée d'Aston, petit paradis des hermines et des pêcheurs de truites.

les angles et fait paraître les arêtes des pierres blanches plus tranchantes encore ; dans cet univers chaotique et minéral, l'observateur patient aurait sans doute une chance d'apercevoir l'hermine.

Plus bas, sur le pâturage, un berger observe ses vaches à la jumelle ; il monte tous les deux jours s'assurer que tout ce passe bien. De mai à octobre, il fait chaque mois passer le troupeau d'une vallée à l'autre, pour ne pas épuiser les herbages.

Longtemps, la haute vallée d'Aston ne fut connue que des pêcheurs, des bergers et des contrebandiers, et le village de Mérens avait la réputation d'un repère de brigands, armés d'un pouvoir tout puissant sur leur territoire.

Petit mais robuste, le cheval de Mérens était autrefois utilisé en Ariège pour les travaux des champs ; il constitue aujourd'hui un excellent compagnon de randonnée, et l'été, on le rencontrera presque à coup sûr, paissant en liberté sur les estives.

De Mérens-les-Vals à Collioure
le Roussillon

MÉRENS LAC DE BOUILLOUSES

Au-dessus de la vallée boisée des Bésines s'étend un vaste plateau désolé, dominé par le pic Pedros. Au col de Coume d'Agnel, on chevauche la ligne de partage des eaux : à l'ouest, le ruisseau des Bésines s'en va vers l'Atlantique en se jetant dans l'Ariège puis dans la Garonne ; à l'est, on surplombe l'immense **étang de Lanous**, qui rejoindra un affluent de l'Ebre pour se jeter dans la Méditerranée.

Après le large col du « Portella de la Grava » s'étend un marécage spongieux, où coule le Têt, parsemé de rhododendrons et de gentianes bleues. Quelques névés se sont attardés jusqu'à ce mois de juillet. Au fond d'une forêt de pins apparaît le lac de Bouillouses. Ses rives bordées d'arbres et ses eaux tranquilles d'où émergent quelques îles rocailleuses où poussent des pins crochus lui donnent un petit

Page de gauche :
Fin du printemps sur le massif du Carlit : un immense tapis de rhododendrons aux fleurs éclatantes a envahi les pentes.

Trois compères redescendent sur le lac de Bouillouses.

Le plat marécageux de la Têt, à mi-chemin entre la terre et l'eau.

air canadien. On y croise des promeneurs en goguette et les pêcheurs s'y pressent en grand nombre.

LAC DE BOUILLOUSES EYNE

Blottie en haut du sentier qui part du hameau « del Mitg », la petite église de **Planès** constitua longtemps une énigme historique : la plupart des églises sont bâties selon deux axes perpendiculaires, mais celle-ci possède un plan triangulaire, orienté vers trois directions.

On pensa longtemps que cette église était une ancienne mosquée construite par les Maures lorsqu'ils dominaient le Roussillon et la Catalogne ; les habitants l'appelaient la « mesquita ».

La plupart des historiens penchent aujourd'hui pour une origine chrétienne, ce qui n'exclut pas pour autant la présence des Maures dans la région.

L'étang d'Estanyol, sous le Portella de la Grava.

Ce type de plan pourrait trouver son origine chez les premiers chrétiens d'Afrique du Nord, qui, au ve siècle, s'inspirèrent des symboles égyptiens rappelant ceux de la trinité. On trouve également quelques édifices à la configuration identique dans le sud de l'Europe et en Arménie.

La petite église de Planès, qui doit à son curieux plan triangulaire le surnom de « mesquita », petite mosquée.

Le maître d'œuvre a décliné ici le symbolisme de la trinité. Ce type d'architecture est très rare dans l'Occident médiéval : la religion chrétienne a en général une aversion pour les édifices triangulaires, considérés comme maléfiques. Autrefois dans les maisons, les exorcismes commençaient toujours par les coins, d'où l'on extirpait les démons. A l'intérieur de l'église, les coins ont été déguisés en niches où veillent des saints protecteurs.

Le sulfureux lis martagon.

EYNE – REFUGE DE L'ORRY

Les gens du pays nomment « vallée des fleurs » la petite **vallée d'Eyne**, à l'ouest du massif de la Carança. Enserrée entre deux pentes douces, tapissées de pins à crochets sur le versant nord, de genêts et de pelouses en soulane, la vallée est connue des botanistes du monde entier. Elle réunit un grand nombre de conditions climatiques et des terrains variés : milieux secs et milieux humides, terrains siliceux ou riches en carbone, sols riches et profonds ou rocailleux... Cette diversité a permis à de nombreuses plantes, dont les graines venues du piémont ou d'Espagne par le col, de s'installer et de prospérer. En bas, près des villages, les lupins blancs, roses et bleus poussent par centaines ; plus haut, on pourra observer le rare lis des Pyrénées, le lis martagon, des trolles, des ancolies, le pavot jaune, des adonis, des narcisses et des renoncules...

Au XVIIIe siècle, les apothicaires de Llivia venaient ici s'approvisionner en plantes sauvages ; sur ce vallon ils trouvaient l'arnica, le thym, le millepertuis, l'origan et la grande gentiane... La période la plus favorable pour observer la flore est le

La gentiane acaule, aux vertus apéritives et toniques, apprécie les pâturages au sol acide.

Le village de Mantet, situé derrière un col et bloqué par la neige jusqu'au printemps, ne fut relié par la route qu'en 1964.

mois de juin ; en haute altitude, où la belle saison est plus tardive, il faut attendre le début du mois d'août. Cette flore exubérante attire un grand nombre de papillons : on en dénombre une soixantaine d'espèces dans la vallée, dont deux sont endémiques.

A l'automne, les oiseaux migrent par le col de la Perche, en haut de la vallée ; guêpiers, milans noirs, circaètes, éperviers, faucons crécerelles, busards des roseaux et busards cendrés franchissent le col pour gagner l'Espagne avant les grands froids.

REFUGE DE L'ORRY MANTET

Nichées au fond de la vallée, les petites maisons de pierres du village de **Mantet** se serrent les unes contre les autres, comme pour se donner du courage. Jusqu'en haut des pentes, des terrasses ont été aménagées ; la moindre parcelle était autrefois utilisée. On y cultivait le seigle et la pomme de terre. Aujourd'hui, elles sont envahies par les genêts. Le village, à 1 550 mètres d'altitude, demeura longtemps isolé : dans les

Lis des Pyrénées et lis martagon

Les pétales roses tachés de pourpre du lis martagon, d'où s'échappent six étamines dorées, cachent une substance vénéneuse, à l'odeur entêtante ; on dit que placé dans une chambre, il donne de terribles

Le lis des Pyrénées, espèce rare et protégée.

cauchemars. Le lis martagon était réputé autrefois pour ses pouvoirs magiques ; il pouvait ouvrir les serrures, distiller des charmes d'amour ou encore chasser les démons. Les alchimistes du Moyen Age avaient espéré en tirer de l'or. Le lis des Pyrénées est une espèce endémique qui s'épanouit dans les clairières et les forêts montagnardes bien irriguées ; ses grandes fleurs délicates, jaunes piquetées de brun portant des étamines orangées, s'épanouissent au mois de juin.

La grande gentiane, dont les racines contiennent les principes amers les plus puissants du règne végétal.

La grande gentiane

Cette grande plante robuste fleurit au mois de juin sur les prés maigres, les rocailles et les friches. Sa racine, qui peut peser jusqu'à 5 kilos, contient une substance amère qui permet d'obtenir des apéritifs et des eaux-de-vie. Mais les premières fleurs de la grande gentiane ne se montrent qu'au bout de dix ans ; c'est pourquoi, après un arrachage abusif, la plante s'est beaucoup raréfiée.

Verrou de la porte de l'église de Mantet.

gorges de Nyer, aucune route n'avait jamais été implantée, et les gens rejoignaient par le col de Mantet le village de Campeils, à 3 kilomètres. En 1942, le village fut évacué ; très près de la frontière, il était un passage privilégié des résistants et des clandestins. La « cabane des Allemands » verrouillait les deux cols, et les soldats tiraient à vue sur ceux qui pénétraient cette zone. La première route atteignit le col de Mantet en 1962, le village en 1964, et l'électricité seulement en 1984. Aujourd'hui, le village est parfois bloqué par la neige jusqu'au mois de mai.

MANTET – MARIAILLES

Aux forêts de bouleaux des bas de pentes succèdent la hêtraie-sapinière, puis la lande à genêts parsemée de gentianes et de genévriers et les pins à crochets dominés par les éboulis et les escarpements rocheux. Les ruisseaux des **réserves de Mantet et de Py** abritent quelques-uns des derniers desmans des Pyrénées, une sorte de minuscule taupe aquatique au nez allongé en forme de trompe. L'espèce, très répandue

Sur les pentes des réserves de Mantet et de Py, gentianes, genêts et pins à crochets partent à la reconquête des pâturages abandonnés.

en Europe avant la dernière glaciation, a été cantonnée par les grands froids aux Pyrénées et au nord-ouest de l'Espagne. Isolé sur un petit territoire, le desman est aujourd'hui très menacé par la pollution des torrents et l'augmentation de la salinité de l'eau, due au salage des routes en hiver.

MARIAILLES VILLEFRANCHE-DE-CONFLENT

Villefranche-de-Conflent est contenue tout entière dans ses hautes murailles qui semblent retenir les maisons prisonnières. La ville fut fortifiée dès le XIe siècle ; après le traité des Pyrénées en 1650, il fallut impérativement assurer sa défense, et l'enceinte fut remaniée par Vauban.

Au-dessus de la ville, on construisit le **fort Liberia**, place imprenable dominant l'embouchure de la vallée. Un escalier souterrain vertigineux, dit des « mille marches », reliait le fort à la ville. Avec ce système défensif, le haut Conflent pouvait protéger toute la Cerdagne.

Dans un sombre cachot de la forteresse, « la Guesdon », femme de chambre de la marquise de Brinvilliers, et « la Chopelin » restèrent enfermées durant plus de trente années, inculpées à la suite de la marquise de Montespan dans « l'affaire des poisons », menée contre Louis XIV en 1676. Bientôt, on les soupçonna de pratiques sataniques ; l'affaire risquant d'éclabousser la Cour, les accusées furent traînées en secret de prison en forteresse ; huit femmes échouèrent en 1689 au cachot de Villefranche que l'on surnomma désormais la « prison des dames ». La Guesdon y mourut en 1717, la Chopelin en 1724.

Au pied des pentes couvertes d'un épais maquis, la ville close de Villefranche-de-Conflent.

Les colonnes élégantes du cloître d'Elne.

VILLEFRANCHE-DE-CONFLENT
LES CORTALETS

Perchée au sommet d'un nid d'aigle parmi les pentes abruptes, l'abbaye de **Saint-Martin-du-Canigou** est un havre de paix, édifié au début du XIe siècle sous l'impulsion de Guilfred, comte de Cerdagne. Le moine architecte de Saint-Michel-de-Cuxa assure la direction des travaux. Au XIe siècle, les comtés catalans

Cloître de l'abbaye de Saint-Michel-de-Cuxa, fleuron du style roman-lombard.

dégagés de l'autorité du royaume franc, et désormais indépendants, tournent leurs regards vers la Méditerranée. Un art nouveau, venu d'Italie du Nord, est rapporté par des Lombards installés en Provence, et influence les artistes des Pyrénées orientales : le style roman catalan, dit roman lombard, est né.

Les constructions sont vastes, en petit appareillage ; pour mener au plus haut les prières vers Dieu, à Saint-Martin-du-Canigou, Saint-Michel-de-Cuxa, Ripoll et Taüll, on élève d'imposants clochers carrés, ornés d'arcatures et de pilastres, aux fenêtres et autour des absides, qui ont pris le nom de « bandes lombardes ».

Dès sa création, l'abbaye de **Saint-Michel-de-Cuxa** tissa un réseau de relations avec toute l'Europe ; aux alentours de l'an mil, alors que la puissance musulmane faiblissait en Espagne, l'abbaye fut, de par ses liens avec l'abbaye de **Ripoll**, le principal foyer de contact entre les deux pays. C'est à Ripoll que furent traduits les premiers traités arabes d'arithmétique et d'astronomie ; les clercs venus d'Espagne apportaient avec eux des livres, divulguaient de nouveaux savoirs et des influences artistiques. Toutes ces nouveautés vont constituer le creuset de la renaissance intellectuelle de l'Occident.

Chapiteau sculpté du cloître d'Elne.

En haut à gauche :
Perchée sur un nid d'aigle, l'abbaye de Saint-Martin-du-Canigou.

Histoire des Pyrénées orientales

A la différence des Pyrénées occidentales, les montagnes catalanes résistèrent peu aux nombreux envahisseurs qui, dès l'époque romaine, déferlèrent sur ce territoire.
Les Wisigoths ont fortement marqué ces régions, notamment dans le domaine du droit ; mais si la colonisation fut bien acceptée, les populations conservèrent leurs usages et leurs coutumes. Après la victoire franque de Vouillé en 507, les Wisigoths conservent la Septimanie, aujourd'hui Languedoc-Roussillon ; face aux Mérovingiens, la région reste encore pour deux siècles dans le domaine ibérique.
De la même façon, les populations acceptèrent sans heurt leur intégration au royaume franc à partir du VIIIe siècle, participant à la reconquête de Barcelone sur les musulmans.
Les Arabes présents en Espagne n'occupèrent jamais réellement le massif, même s'ils y firent sans doute quelques incursions, les Pyrénées s'affirmaient à la fois comme frontière et comme lieu de passage et d'échange entre les deux civilisations.
A la fin du IXe siècle, Guilfred le Poilu, comte catalan, réunit en un seul ensemble les régions catalanes, tout en restant vassal du roi franc. Mais celui-ci se soucie peu de ces possessions lointaines et la Catalogne devient indépendante de fait au début du XIe siècle, changeant de mains au gré des évolutions politiques. Un régime seigneurial oppressif se met en place, qui perdurera jusqu'à ce que les soulèvements de la paysannerie y mettent fin au XVe siècle.
En 1659, le traité des Pyrénées rattache le Roussillon et la plus grande partie de la Cerdagne au royaume de France.

Les murs de la grande abbaye romane sont empreints de sérénité. Le cloître à demi disparu est orné de chapiteaux de marbre rose qui constituent, avec celles du **prieuré de Serrabonne**, les chefs-d'œuvre de la sculpture du Roussillon. A la même époque s'élevait au flanc de l'église d'**Elne** un des plus beaux cloîtres de France. Sirènes, lions, béliers, oiseaux à tête humaine, aigles et dragons, une galerie d'animaux mythiques et fabuleux habite piliers et chapiteaux, où se mêlent les mythologies orientales et romaines.

LES CORTALETS
LOS MASOS

Montagne sacrée et mythique des Catalans, le **pic du Canigou** donne toute sa splendeur lorsqu'il est enneigé, se démarquant franchement du paysage de garrigue ; l'été, lorsqu'il est nu, sa majesté est un peu amoindrie.

La tradition peuplait autrefois le pic de fées et d'êtres fantastiques, tout particulièrement près des étangs de Nohède et de la Carança ; y jeter des cailloux passait pour irriter les fées, qui provoquaient alors des orages terribles ou des brumes où s'égaraient les fauteurs de trouble ; les soirs de pleine lune, les sorciers s'y rassemblaient pour tenir de grands sabbats. Mais le maître incontesté de la montagne était le dragon qui en gardait le sommet.

La « Chronique du Roussillon », parue au XIVe siècle, rapporte l'aventure vécue cent ans plus tôt par le roi Pierre d'Aragon, parti avec quelques chevaliers pour tenter l'ascension du mont jusque-là inviolé, en espérant y trouver le trésor des fées. On racontait que la fée Palestine, gardienne du trésor du Canigou, possédait le secret de l'entrée d'une immense mine d'or cachée dans la montagne, et attendait la venue d'un chevalier pour la délivrer. A l'entrée de la mine, des laminaks surveillaient jalousement des monceaux de pièces d'or, qu'ils astiquaient à longueur de journée.

Alors que Pierre d'Aragon et ses hommes progressaient vers le som-

Vernet-les-Bains, au pied du massif du Canigou.

met, une terrible tempête s'abattit sur eux ; alors, un dragon terrible émergea des eaux et enveloppa le roi de son ombre. Le prince redescendit, pour toujours effrayé, sans avoir trouvé le trésor.

Le soleil se lève sur les crêtes du Canigou, montagne sacrée des Catalans.

Antoine Epiphani, accompagnateur en montagne

Antoine Epiphani, accompagnateur de curieux en montagne.

Sur le sentier pentu qui court à travers le bois, un groupe d'hommes et de femmes scrute les fourrés avec attention et en extirpe quelques plantes. Ce soir, si la récolte est bonne, la compagnie dînera de sa cueillette : orties et épinards sauvages, racines, framboises et fraises des bois...

Pour la première fois cette année, Antoine a entraîné dans ses pérégrinations quelques promeneurs curieux, et c'est avec jubilation qu'il leur fait découvrir, ici une plante comestible, là un lieu auquel se rapporte une légende. Emporté par son enthousiasme, il lui arrive même d'y apporter sa touche personnelle, comme des milliers de montagnards l'ont fait avant lui.

Antoine est accompagnateur en montagne ; il sait expliquer le fonctionnement d'un écosystème, observer et reconnaître la faune, identifier les arbres et raconter la vie des hommes... Il a étudié tout particulièrement les plantes comestibles et médicinales de la montagne. Bien sûr, il apporte aussi aux promeneurs des notions de sécurité – la randonnée reste, de toutes les activités de plein air, celle qui engendre le plus d'accidents – mais son métier ne doit pas être confondu avec celui du guide de haute montagne : celui-ci, à vocation plus sportive, est seul habilité à organiser des sorties qui nécessitent du matériel, tel que piolets et crampons. L'accompagnateur est avant tout un spécialiste du milieu : cartes, boussole, altimètre et ouvrages de botanique composent son équipement, auquel il adjoint parfois les raquettes pour les promenades hivernales.

Quelquefois, l'excursion a un but déterminé : on cherche l'hermine ou la genette, on explore d'anciennes mines, on se nourrit exclusivement des produits de la montagne. Plus souvent, l'œil attentif cherche l'occasion d'une découverte, et chaque pas est propice à élargir le champ des connaissances.

Email : aepiphani@yahoo.fr

Dernier sursaut des Pyrénées, le pic s'élève au-dessus des collines de pierre rouge, recouvertes d'un maquis épais où dominent chênes verts et chênes pubescents ; terres arides, écrasées par le soleil méditerranéen, peu propices aux cultures. Entre Conflent et Vallespir, les villages se font rares, et c'est un semi-désert de maquis monotone que l'on traverse.

LOS MASOS
ARLES-SUR-TECH

Dans l'étroit défilé des gorges de la Fou, aménagé pour la visite, de passerelles métalliques et de filets protecteurs, on pourra observer à la fin du printemps la très rare ramonde des Pyrénées, parente du simpolia de Madagascar et d'Afrique orientale. Très répandue à l'ère tertiaire, quand régnait sur l'Europe un climat tropical, la ramonde survécut à la période glaciaire du quaternaire, contrairement à la plupart des plantes de cette époque. Cette miraculée côtoie quelques plantes qui, à l'inverse, vinrent du froid à l'époque quaternaire et restèrent piégées par le dégel.

Ces gorges étroites et profondes, où nul curieux n'osait s'aventurer, constituèrent un refuge de choix pour les Trabucayres, ces mercenaires espagnols convertis en bandits de grands chemins qui semèrent la terreur dans toute la région au XIXe siècle, tirant parti des nombreux replis qu'offraient le maquis montagnard et les gorges inexplorées pour échapper aux gendarmes. Leur dernière victime fut un jeune garçon, à qui ils coupèrent les oreilles pour les envoyer à sa mère dans l'espoir d'une rançon. En mars 1846, les principaux chefs furent arrêtés et guillotinés à Céret ou à Perpignan.

L'étroit défilé des gorges de la Fou, refuge privilégié des redoutés Trabucayres, qui semaient la terreur dans la région au XVIIIe siècle.

ARLES-SUR-TECH
MONTALBA D'AMÉLIE

Les rues étroites et pentues du village d'**Arles-sur-Tech** enserrent le cloître élégant d'une ancienne abbaye, et une église du XIe siècle qui conserve des reliques énigmatiques : une « sainte tombe » antique, qui, au grand désarroi des scientifiques, se remplit régulièrement d'eau sans que nulle source ne l'alimente, et des saints chasseurs de monstres. Au Xe siècle, les montagnes du Vallespir et des Albères étaient ravagées par des créatures sanguinaires, représentés de part et d'autre du portail de l'église Sainte-Marie : les simiots. Des reliques sacrées, ossements de deux princes persans rapportés de Rome par l'abbé Arnulfe, firent disparaître les monstres.

La ramonde des Pyrénées, espèce endémique, rare et protégée, unique représentante européenne de l'espèce tropicale des gesneriacées.
Ph. Christian Délu.

En haut :
Le cloître de l'ancienne abbaye d'Arles-sur-Tech, près duquel on peut observer l'énigmatique « Sainte Tombe ».

Montalba d'Amélie, au pied des crêtes enneigées de la chaîne des Albères.

Marchand d'épices au marché de Céret.

Le sentier quitte le village à travers la garrigue faite de chênes verts, de lavande et de bruyère, avant d'atteindre la forêt de châtaigniers, aux fruits petits et sucrés.

MONTALBA D'AMÉLIE CÉRET

Fuyant l'activité fébrile de la côte, Picasso coula quelques jours tranquilles à **Céret**, aux côtés du sculpteur catalan Manolo. C'est dans ce paysage aux lumières crues et contrastées que prit forme le cubisme. Dans son sillage, Braque, Kisling, puis Soutine et Dufy vinrent promener leur regard à Céret.

Aujourd'hui un beau musée d'art moderne conserve des œuvres insolites de Picasso, de Chagall, de Tapiès. Au hasard des rues, on dénichera aussi plusieurs galeries d'art et quelques ateliers, avant d'aller s'asseoir au Grand Café sous les platanes, rendez-vous favori des artistes d'antan...

CÉRET LAS ILLAS

De part et d'autre de la piste, les chênes-lièges au tronc recouvert de teinture rouge semblent tout nus sans leur écorce. Au détour d'un virage, un homme trapu, en veste de chasse, vient à nous : « Vous n'auriez

Les lumières chaudes, déjà méditerranéennes, qui caressent les maisons de Céret participèrent sans nul doute à l'engouement des peintres pour la ville.

pas vu des brebis ? J'ai perdu mes brebis… » L'homme n'est pas pressé, il s'installe pour discuter : « Pour vivre dans la montagne, il faut vraiment aimer la nature. Mais vraiment. Il faut être prêt à souffrir pour elle. Et il faut se battre. Ca fait dix-sept ans que je cherche à m'installer ici comme agriculteur. Maintenant, je ne suis plus sûr d'avoir envie : trop de complications administratives. Je me suis lancé dans le commerce du liège. Ca paye bien, le liège. » Il reprend, ironique : « Vous ne savez pas la dernière ? La forêt est pleine de chênes-lièges qui ne demandent qu'à être exploités ; mais la montagne, c'est pas mécanisable, ça va pas assez vite, alors le gouvernement veut donner des subventions pour planter des chênes-lièges en bas, dans la plaine. Mais il faut attendre quarante ans avant la première récolte… » Il peste contre les résidences secondaires qui font grimper le prix du terrain, les 4 x 4 du dimanche et les motos qui envahissent les pistes toujours plus nombreuses.

LAS ILLAS LE PERTHUS

Du **Perthus**, on embrasse d'un seul regard deux mille ans d'histoire : en bas, l'antique via domitia par laquelle les troupes romaines rejoignaient l'Espagne ; tout prêt, les ruines médiévales du site de Panissar ; sur un replat face au Canigou, les croix blanches d'un petit

Ecorces de liège ; vingt ans seront nécessaires au chêne-liège pour reformer une écorce après la récolte.

À gauche : *Chêne-liège.*

L'église de Valmanya, perdue sur les pentes boisées du Canigou.

Entre pinèdes et garrigue, sur les sentiers du Roussillon.

LE PERTHUS
COL DES TROIS-TERMES

C'est ici, sur la chaîne des Albères, quelque part entre le Perthus et la mer, qu'Hannibal franchit les Pyrénées en direction de Rome. Derniers contreforts des Pyrénées, ces montagnes modestes s'élèvent à moins de 1 300 mètres, mais règnent sans partage sur la plaine du Roussillon.

Les troncs gris et nus des hêtres et les blocs de granit affleurant sous les feuilles rousses donnent à la **forêt de Massane** un air de marron glacé. Ambiance surprenante au cœur d'une région où le chêne est d'ordinaire roi, dernier témoin de la forêt qui recouvrait toute la région méditerranéenne à l'époque glaciaire. Détruite, elle ne pourrait se

À droite :
Les terrasses abruptes, gorgées de soleil, des vignobles de Collioure et Banyuls.

cimetière militaire du XVIIe siècle, et, dominant le tout, le **fort de Bellegarde** conçu par Vauban au XVIIe siècle pour tenir la frontière nouvellement acquise.

Plus loin, l'autoroute et l'ancien poste frontière sont assaillis à la belle saison par les touristes de retour d'Espagne, venus faire des affaires dans les ventas aux marchandises hétéroclites, derniers vestiges des réseaux de contrebande du siècle dernier : *vino tinto* au cubis, pastis, huile d'olive, cartouches de cigarettes et poupées flamenco.

A Collioure, les derniers reliefs pyrénéens se fondent en douceur dans la Méditerranée.

reconstituer sans un important refroidissement du climat. Une partie de la forêt de Massane est protégée par une réserve intégrale (non accessible au public), devenue un important centre de recherche international, notamment au niveau des insectes. Elle permet le suivi d'une forêt très ancienne livrée à elle-même, et constitue l'un des derniers exemples d'une forêt libre de toute intervention humaine.

A quelques pas du col des Trois-Termes, le **pic de Néoulous**, avec son relais de télévision, ne paie pas de mine. Des barbelés miteux percés d'une grille désormais ouverte symbolisent la frontière le long de la crête. Du sommet, on découvre pourtant un point de vue fantastique : au sud, on suit la côte espagnole jusqu'à Cadaquès ; à l'est s'étendent la Côte vermeille et Perpignan.

COL DES TROIS-TERMES COLLIOURE

Le regard tout entier tourné vers la mer, on en oublie presque la montagne. Passé le pic du Néoulous, il ne reste plus en effet qu'à se laisser descendre à travers les pentes couvertes d'oliviers et de chênes-lièges. De la **tour Madeloc**, on domine **Collioure**, **Port-Vendres** et **Banyuls** sur la côte toute proche ; les vertes terrasses plantées de vigne et les villages aux tuiles rouges qui bordent la Méditerranée viennent égayer les monts faits de pierres sèches et d'herbes jaunes ; dans une étonnante palette de couleurs, la montagne semble se jeter vers la Méditerranée.

Les marins phéniciens plantèrent les premières vignes de la Côte vermeille. Restés longtemps méconnus, les vins dorés de Banyuls, les rouges épicés de Collioure sont aujourd'hui des crus renommés. En cheminant au hasard des ruelles et sur les ports bordés de maisons multicolores, on comprendra sans peine l'engouement des peintres pour la côte Vermeille. C'est en capturant ces lumières chaudes, parfois violentes, que Matisse jeta les bases du fauvisme. Un an plus tard, il était rejoint par d'autres artistes : Derain, Dufy, Picasso, Juan Gris se laissèrent tous séduire par l'atmosphère de la côte.

Conclusion

Attablés à la terrasse ouverte sur la mer d'un petit restaurant de Port-Vendres, nous savourons notre arrivée, l'esprit encore empli des senteurs de la montagne, satisfaits du chemin accompli et déjà prêts à repartir.
Chaque vallée traversée, chaque point de vue du haut des sommets fut comme une invitation à d'autres pérégrinations, à la découverte de nouveaux horizons : à l'échelle du marcheur, les Pyrénées sont immenses, et une vie entière ne suffirait sans doute pas à explorer chaque sentier de ce monde préservé, où l'on peut encore trouver cette sensation enivrante de liberté que procurent les grands espaces.

Col de la Hourquette d'Ossoue, entre le Vignemale et Gavarnie.

Bibliographie

Guides et topos

- Topo-guides GR 10 : *Pyrénées occidentales, Pyrénées centrales, Pyrénées ariégeoises, Pyrénées orientales,* Fédération française de la randonnée pédestre, 2000.
- Louis Audoubert, *Vers les refuges des Pyrénées, versant nord/versant sud,* Milan.
- Jacques Jolfre, *Randonnées vers les plus beaux lacs des Pyrénées,* Rando éditions, 2001.
- Jean-Paul Pontroué, Fernando Biarge, *Sierras du Haut Aragon*, J.-C. Bihet, 1989.
- Bruno Valcke, *Belvédères des Hautes Pyrénées*, Rando éditions, 2001.
- Georges Véron, *Haute Randonnée Pyrénéenne,* Rando éditions, 1998.
- *Le Grand Guide des Pyrénées, France-Espagne-Andorre*, Milan, 1997.

Naturalisme

- Claude Dendaletche, *Les Pyrénées : la vie sauvage en montagne et celle des hommes*, Delachaux et Niestlé, 1997.
- Georges Dupias, *Fleurs des Pyrénées*, SAEP, 1975.
- Philippe Mayoux, *Fleurs des Pyrénées faciles à reconnaître*, Rando éditions, 1996.
- Claude-Marie Vadrot, *Le Parc national des Pyrénées,* Actes Sud, 1998.
- R. Peterson, *Guide des oiseaux d'Europe,* Delachaux et Niestlé, 1994.

Histoire, traditions, croyances et légendes

- Bernard Duhourcau, *Guide des Pyrénées mystérieuses,* coll. « Guides noirs », Tchou, 1985.
- Isaue Gratacos, *Femmes pyrénéennes*, Éditions Privat, 1998.
- Antoine Lebègue, *Lieux insolites et secrets des Pyrénées*, Sud-Ouest, 1994.
- Olivier de Marliave, *Histoire de l'ours dans les Pyrénées*, Sud-Ouest, 2000.
- Jean-François Soulet, *La Vie quotidienne dans les Pyrénées*, Hachette, 1974.
- Sous la direction de François Taillefer, *Les Pyrénées de la montagne à l'homme,* Privat, 1974.
- Pierre Tucoo-Chala, *Gaston Fébus*, EMJ, 1976.

Joseph Véziau, *Carnets ariégeois*, Sud-Ouest, 2000.

- Revue : *Pyrénées*, mensuel, dans tous les kiosques.

Cartes

Cartes IGN de randonnées au 1/50 000 avec tracés GR et HRP, Rando éditions.

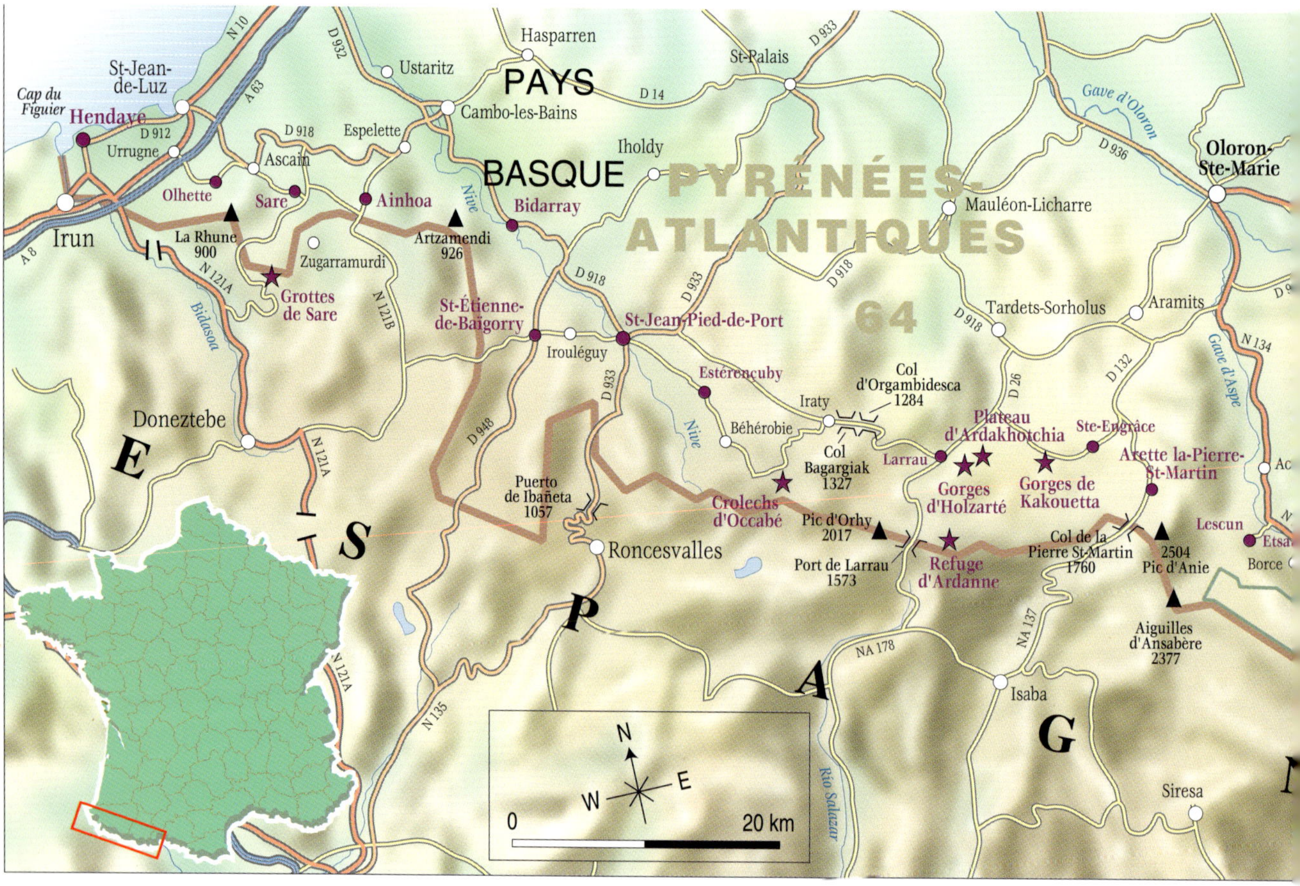

TABLE des MATIÈRES

Avant-propos 4

De Hendaye à Sainte-Engrâce : le Pays basque 7

Hendaye – Olhette 7
Olhette – Sare 9
Sare – Ainhoa 11
Ainhoa – Bidarray 14
Bidarray – Saint-Etienne-de-Baïgorry 17
Saint-Etienne-de-Baïgorry – Saint-Jean-Pied-de-Port 20
Saint-Jean-Pied-de-Port – Esterençuby 22
Esterençuby – Col Bagargiak 23
Col Bagargiak – Refuge d'Ardanne 25
Refuge d'Ardanne – Larrau 27
Larrau – Plateau d'Ardakhotchia 29
Plateau d'Ardakhotchia – Sainte-Engrâce 30

De Sainte-Engrâce à Arrens-Marsous : le Béarn 33

Sainte-Engrâce – La Pierre-Saint-Martin 33
La Pierre-Saint-Martin – Lescun 35
Lescun – Aiguilles d'Ansabère 38
Lescun – Oloron-Sainte-Marie 41
Oloron-Sainte-Marie – Etsaut 43
Etsaut – Lac Genteau 45
Lac Genteau – Gabas 48

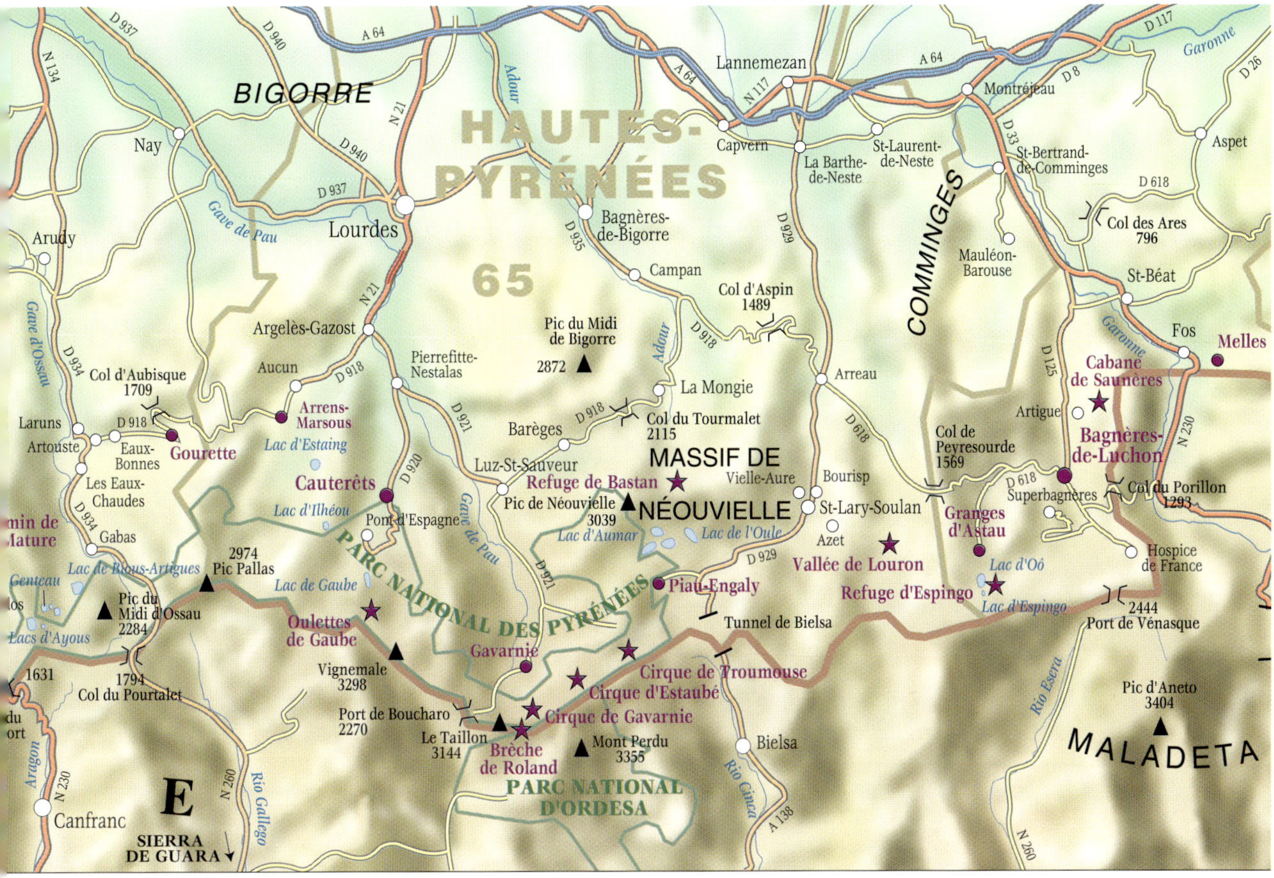

Gabas – Gourette 50
Gourette – Arrens-Marsous 50

D'Arrens-Marsous au refuge de Bastan : la Bigorre 53
Arrens-Marsous – Lac d'Ilhéou 53
Lac d'Ilhéou – Cauterêts 54
Cauterêts – Les Oulettes de Gaube 55
Les Oulettes de Gaube – Gavarnie 56
Gavarnie – Parc national d'Ordesa – Mont Perdu 60
La sierra de Guara 67
Gavarnie – Estaubé 70
Estaubé – Troumouse 72
Troumouse – Piau-Engaly 73
Piau-Engaly – Refuge de Bastan 74

Du refuge de Bastan à Melles : le Comminges (Haute-Garonne) 77
Refuge de Bastan – Granges d'Astau 77
Granges d'Astau – Espingo 78
Espingo – Bagnères-de-Luchon 80
Bagnères de Luchon – Cabane de Saunères 80
Cabane de Saunères – Melles 81

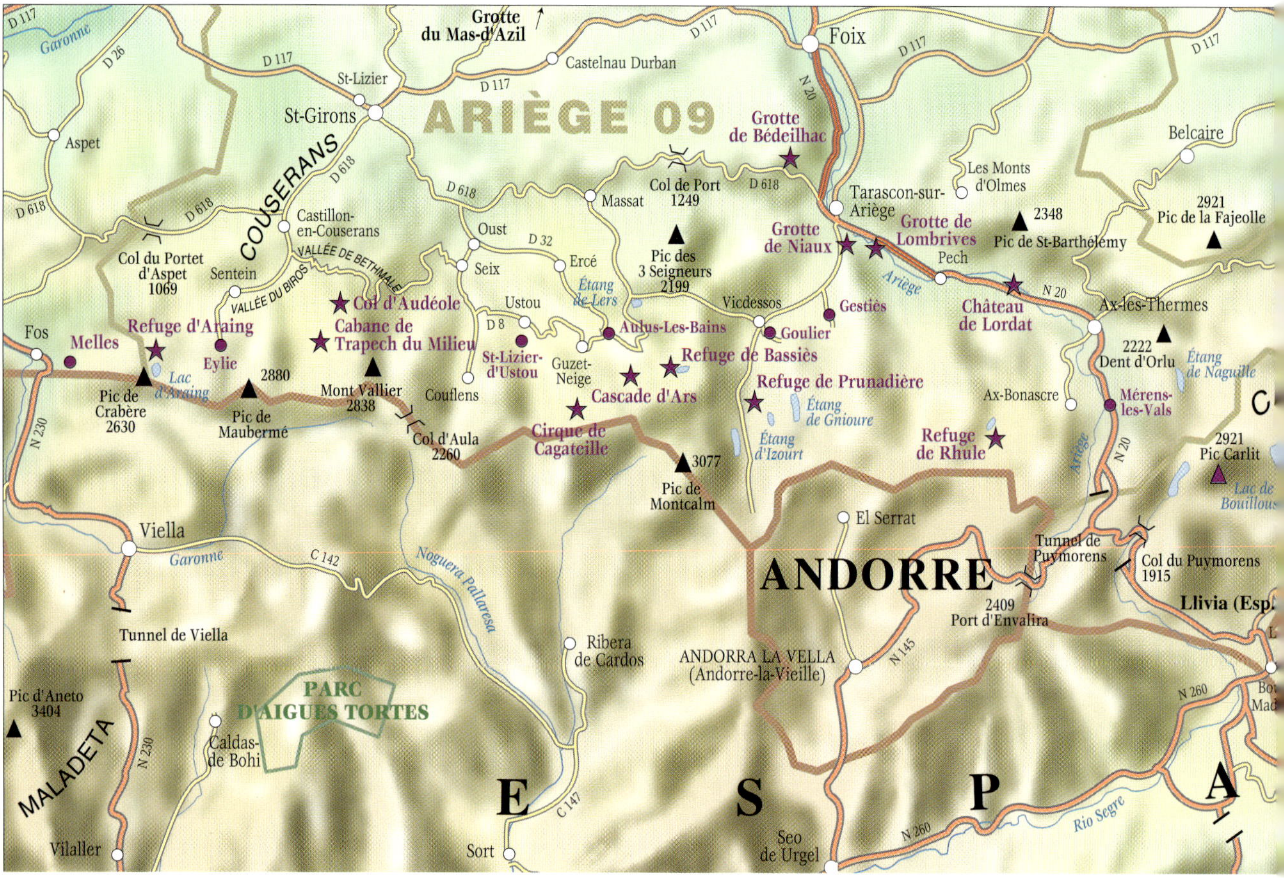

De Melles à Mérens-les-Vals : l'Ariège 85
Melles – Refuge de l'étang d'Araing 85
Etang d'Araing – Eylie 88
Eylie – Cabane de Trapech du Milieu 89
Cabane de Trapech du Milieu – Col d'Audéole 92
Col d'Audéole – Cabane d'Aula 92
Cabane d'Aula – Saint-Lizier-d'Ustou 94
Saint-Lizier-d'Ustou – Aulus-les-Bains 95
Aulus-les-Bains – Refuge de Bassiès 97
Refuge de Bassiès – Refuge de Prunadière 97
Refuge de Prunadière – Goulier 98
Goulier – Gestiès 99
Gestiès – Refuge du Rhule 100
Refuge du Rhule – Mérens-les-Vals 101

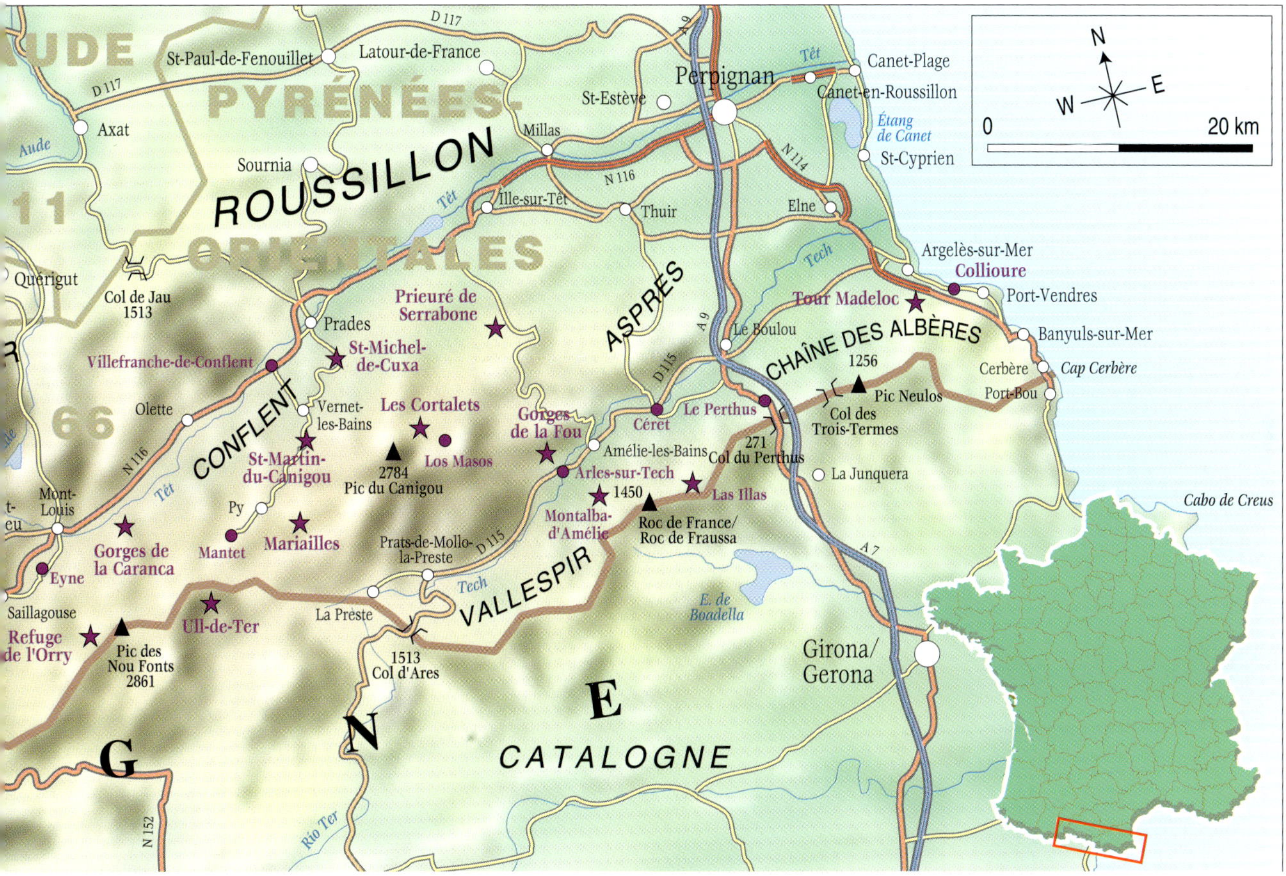

De Mérens-les-Vals à Collioure : le Roussillon 105
Mérens-les-Vals – Lac de Bouillouses 105
Lac de Bouillouses – Eyne 106
Eyne – Refuge de l'Orry 108
Refuge de l'Orry – Mantet 109
Mantet – Mariailles 110
Mariailles – Villefranche-de-Conflent 111
Villefranche-de-Conflent – Les Cortalets 112
Les Cortalets – Los Masos 114
Los Masos – Arles-sur-Tech 116
Arles-sur-Tech – Montalba d'Amélie 117
Montalba d'Amélie – Céret 118
Céret – Las Illas 118
Las Illas – Le Perthus 119
Le Perthus – Col des Trois-Termes 120
Col des Trois-Termes – Collioure 121

Conclusion 122
Bibliographie 123

Liste des topo-guides FFRP traversant les Pyrénées

- Réf. 1086 - GR 10 Pyrénées Occidentales
- Réf. 1090 - GR 10 Pyrénées Ariégeoises
- Réf. 1091 - GR 10 Pyrénées Centrales
- Réf. 1092 - GR 10 Pyrénées Orientales
- Réf. 1097 - Sur les traces des Cathares
- Réf. 653 - Sentier de Saint-Jacques (Moissac-Roncevaux)
- Réf. P641 - Le Béarn à pied
- Réf. P642 - Le Pays basque à pied
- Réf. D009 - L'Ariège à pied *(à paraître été 2002)*
- Réf. D031 - La Haute-Garonne à pied
- Réf. D065 - Les Hautes-Pyrénées à pied
- Réf. P651 - Le Pays de Lourdes à pied
- Réf. RE02 - Midi-Pyrénées à pied

La Ligue pour la Protection des Oiseaux,

association reconnue d'utilité publique, agit au quotidien pour la sauvegarde des oiseaux et des milieux dont ils dépendent, en particulier la faune et la flore.Dans les Pyrénées, la mission Fonds d'intervention pour les rapaces de la LPO effectue le suivi des grands et majestueux rapaces et coordonne en particulier le programme international de réintroduction du gypaète barbu, également appelé « casseur d'os ».

Pour tout renseignement :
LPO Mission Fir - BP 944 - 75519 Paris Cedex 15 - Tél. 01 53 58 58 38
LPO - Corderie Royale - BP 263 - 17305 Rochefort Cedex - Tél. 05 46 82 12 34
Site Internet : www.lpo-birdlife.asso.fr

Éditeur : Henri Bancaud
Coordination éditoriale : Caroline Brou
Conception graphique : Hokus Pokus
Mise en page : Véronique Gaigneux,
Studio des Éditions Ouest-France
Cartographie : Patrick Mérienne
Photogravure : Scann'Ouest, Rennes (35)
Impression : Mame Imprimeurs à Tours (37)

Édilarge SA, Rennes
ISBN 2 7373 2729 6
N° d'éditeur 4105.02.1,5.02.06
Dépôt légal : avril 2002